Anne Krull | Claudia Osburg | Katharina Waldmann

Unterrichten in Willkommensklassen
an weiterführenden Schulen

 **Ankommen erleichtern, Sprache vermitteln, Integration fördern**

 Verlag an der Ruhr

Titel

Unterrichten in Willkommensklassen an weiterführenden Schulen
Ankommen erleichtern, Sprache vermitteln, Integration fördern

Autorinnen

StR' Anne Krull, Prof. Dr. Claudia Osburg, StR' Katharina Waldmann

Titelbildmotiv

© Robert Kneschke – Fotolia.com

Verlag an der Ruhr
Mülheim an der Ruhr
www.verlagruhr.de

Geeignet für die Klassen 5–13

Unser Beitrag zum Umweltschutz:

Wir sind seit 2008 ein ÖKOPROFIT®-Betrieb und setzen uns damit aktiv für den Umweltschutz ein. Das ÖKOPROFIT®-Projekt unterstützt Betriebe dabei, die Umwelt durch nachhaltiges Wirtschaften zu entlasten. Unsere Produkte sind grundsätzlich auf chlorfrei gebleichtes und nach Umweltschutzstandards zertifiziertes Papier gedruckt.

© Verlag an der Ruhr 2017
ISBN 978-3-8346-3734-5

Printed in Germany

3 Übergehen und Bleiben 97

Anhang 117

Vorwort

Schulen müssen aufbrechen

Wie erleben Kinder und Jugendliche, die ihr vertrautes Zuhause verlassen mussten, den Ort Schule, der in dem neuen Land so ganz anders gestaltet ist? Wie kommen sie damit zurecht, dass sie vorerst nicht zeigen und mitteilen können, was sie bereits gelernt haben und wissen? Erkennen wir die Möglichkeiten für unsere Schüler[1], mit Menschen anderer Kulturkreise direkt in Kontakt treten zu können?

An vielen Schulen unseres Landes gibt es engagierte Versuche, den Erwerb der deutschen Sprache schnell zu ermöglichen. Konzepte und Materialien sind bereits vielfältig vorhanden und viele neue Ideen und Strategien werden auch in diesem Buch vorgestellt. Darüber hinaus ist es aber auch wichtig, den neu zugewanderten Kindern und Jugendlichen weitere schulische Themenfelder zugänglich zu machen, bei denen Spracherwerb über andere Lernwege erfolgt oder sogar etwas in den Hintergrund tritt, weil andere Kompetenzen und Begabungen sichtbar werden können.

Seit vielen Jahren ist unsere Schule, auf die im vorliegenden Buch immer wieder Bezug genommen wird, im Aufbruch. So machen wir gute Erfahrungen damit, alle Schüler – und eben auch Kinder nicht deutscher Herkunftssprache oder Kinder mit besonderem Förderbedarf – möglichst früh an Projekten aus den Bereichen Darstellendes Spiel[2], Tanz und Theater, aus dem Bereich der Naturwissenschaften, an Projekten zum Schulleben sowie an exponierten Kunstprojekten zu beteiligen.

Für mehrere der klassen-, schulform- oder jahrgangsübergreifenden Projekte des gemeinsamen Lernens erhielt die Ernst-Reuter-Schule Pattensen u. a. folgende Preise und Auszeichnungen:

- 2013 gewannen Schüler beim naturwissenschaftlichen Ideenfangwettbewerb auf der *IdeenEXPO* den ersten Platz in der Kategorie Sekundarstufe I[3].
- Im selben Jahr erhielt die Schule eine Auszeichnung des bundesweit tätigen Vereins *German Toilet Organization*[4].

---

[1] Aus Gründen der besseren Lesbarkeit haben wir in diesem Buch durchgehend die männliche Form verwendet. Natürlich sind damit auch immer Frauen und Mädchen gemeint, also Lehrerinnen, Schülerinnen etc.
[2] Hieraus entstand bereits ein Buch beim Verlag an der Ruhr, vgl. Osburg/Schütte 2015
[3] www.archiv.ideenexpo.de/Archiv_2013/exponate.php?aussteller=1069 [11.04.2017]
[4] www.germantoilet.org/schulwettbewerb/start.html [11.04.2017]

● 2014 waren Theatergruppen der Schule Preisträger des *Cornelsen Stiftungs-preises Zukunft Schule*[5] und gewannen beim niedersächsischen *Kinder-haben-Rechte-Preis*[6] mit inklusiven Projekten.

Das erfolgreiche Erlernen eines Instruments in einer unserer Bläserklassen ist ein weiteres gutes Beispiel dafür, wie die neu zugewanderten Kinder und Jugendlichen Selbstvertrauen zurückgewinnen können, ebenso die Mitwirkung an einem Kunstprojekt, dessen Exponate dann im *Sprengel-Museum Hannover* ausgestellt wurden. Auch der naturwissenschaftliche Wettbewerb *IdeenEXPO* Hannover, bei dem unsere kooperative Gesamtschule 2017 wieder vertreten ist, steht den Jugendlichen offen.

Unterstützend für eine gelingende Willkommenskultur werden interkulturelle Elternabende veranstaltet und aktuell beschäftigen sich Schülergruppen unserer Schule mit dem Projekt *Schule ohne Rassismus*[7] sowie mit den *Global Goals*[8] der Vereinten Nationen[9].

„Schulen müssen aufbrechen" wird also von uns in doppeltem Sinn verstanden: In dem Überwinden hinderlicher Strukturen – gerade auch in der Unterrichts-organisation – sowie in dem Gestalten eines gemeinsamen Weges zusammen mit den zugewanderten Kindern, Jugendlichen und ihren Eltern. Allen daran Beteiligten wünsche ich den dafür erforderlichen Mut und gutes Gelingen.

Andreas Lust-Rodehorst,
Gesamtschuldirektor der Ernst-Reuter-Schule Pattensen

---

[5] www.cornelsen-stiftungspreis.de/wettbewerb/1.c.3322370.de [11.04.2017]
[6] www.kinderhabenrechtepreis.de/bisherige-preistraeger/2014/ [11.04.2017]
[7] www.schule-ohne-rassismus.org/startseite/ [11.04.2017]
[8] www.globalgoals.org/de/ [11.04.2017]
[9] Weitere Projekte finden Sie auf der Homepage. http://kgspattensen.de/ [11.04.2017]

Einleitung

Kinder und Jugendliche mit Fluchterfahrungen an deutschen Schulen

Das Jahr 2015 wird häufig als *das* „Flüchtlingsjahr" bezeichnet (vgl. Wiermer 2017), auch wenn in der Geschichte der Bundesrepublik Zuwanderung, insbesondere durch die Globalisierung in den 1980ern, kein neues Phänomen ist. Im Jahr 2016 verzeichnete das Bundesamt für Migration und Flüchtlinge (BAMF) nahezu eine drei viertel Million Asylanträge und damit so viele wie noch nie zuvor (vgl. BAMF 2016:4). Davon wurden 23,5 Prozent der Anträge für minderjährige Flüchtlinge gestellt, wobei insgesamt mehr als die Hälfte (59,7 Prozent) der Asylsuchenden ihr 25. Lebensjahr noch nicht vollendet hatte (vgl. ebd.:7). Jene Fluchtbewegungen sind derart rasant erfolgt und waren derart präsent in den Medien, dass die Zuwanderung in allen Lebensbereichen neue Aufmerksamkeit bekam und immer noch bekommt.

Hiervon ist auch das deutsche Bildungssystem betroffen, da auch asylsuchenden Minderjährigen das Recht auf Bildung zugesichert wird (vgl. Massumi/von Dewitz 2015:34). Bildung gilt dabei als Schlüssel zur Integration. Die Beschulung von neu zugewanderten Kindern und Jugendlichen wird jedoch häufig durch mangelnde Deutschkenntnisse, eine fehlende lateinische Alphabetisierung oder sogar Analphabetismus erschwert; manche der neu zugewanderten Kinder haben bisher noch keine Schule besucht. Daher ist es ratsam, die Kinder und Jugendlichen durch Sprachförderkurse auf die Teilnahme am Regelunterricht vorzubereiten.

Wir alle, die in der Schule tätig sind, sollen diesen gesellschaftlichen Wandlungsprozess begleiten und stehen häufig vor Aufgaben, die uns auf vielen Ebenen zu überwältigen scheinen: An manchen Schulen werden Klassen quasi aus dem Boden gestampft. Woher bekommen wir die Räume, woher die Lehrer und wer ist qualifiziert, die neuen Schüler zu unterrichten? Wo werden die anderen Schüler Sport haben, wenn wir die Turnhalle räumen sollen, und wie geht man mit traumatisierten Schülern um?

Für die meisten Lehrer ist es eine völlig neue und herausfordernde Situation, Schüler zu unterrichten, die kaum oder gar kein Deutsch sprechen und mit denen zunächst einmal keine zufriedenstellende Kommunikation möglich scheint. Hinzu kommt, dass viele der Kinder eventuell traumatisiert sind. Und auch die schulorganisatorischen Herausforderungen sind immens. So stellt sich z. B. die Frage, welchen Klassen die Schüler zugeteilt werden sollen, wie sie bewertet werden müssen und wie man auch die neu dazugekommenen Eltern

ins Schulleben integrieren kann. All diese Unklarheiten zwingen uns dazu, uns neuen Fragen zu stellen, unser Handeln kritisch zu hinterfragen und alte Muster aufzubrechen.

Als Lehrkraft fragt man sich dabei häufig:
Wie kann dieses im schulischen Alltag gelingen, in einem Alltag, der trotz Reflexivität auch von Spontanität lebt? Wir müssen täglich spontan handeln, aber dennoch reflektiert, effektiv und fundiert und das in einem Schulalltag, der selbst *ohne* jene neuen Herausforderungen komplex genug ist und täglich neue Überraschungen bereithält.

Mit diesem Buch wollen wir zum einen von unseren Erfahrungen berichten. Wir wollen Praxis zeigen, aber zugleich auch Praxis in Konzepte einbetten. Wir wollen zugleich mit Lesern in einen Austausch treten über das Leben im Kontext von Diversität.

Wir, das sind Anne Krull und Katharina Waldmann, Gymnasiallehrerinnen mit den Fächern Deutsch und Werte und Normen sowie Deutsch und Politik-Wirtschaft, und Claudia Osburg, Professorin an der Universität Hamburg, die den Unterricht wissenschaftlich begleitet. Anne Krull und Katharina Waldmann arbeiten an einer Kooperativen Gesamtschule in einer ländlichen Gegend in der Region Hannover in den Klassen 5 bis 12 bzw. 13. Es ist eine Schule mit ca. 1000 Schülern und einem jungen, aufgeschlossenen Kollegium, das momentan sehr intensiv daran arbeitet, tradierte Lehr- und Lernformen aufzubrechen und neue, inklusivere und individuellere Strukturen zu etablieren.

Zwar haben wir bereits im Studium eine Qualifikation für Deutsch als Fremd- und Zweitsprache erworben und durch Auslandsaufenthalte bereits erste Erfahrungen auf diesem Gebiet gesammelt, aber dennoch war auch für uns der Aufbau bzw. Unterricht in einer Willkommensklasse absolutes Neuland. Vieles von dem, was Sie in diesem Buch finden, haben wir auf Fortbildungen erfahren, uns angelesen oder durch das klassische Prinzip Ausprobieren – Verbessern – wieder Ausprobieren gelernt. Und dennoch können wir Ihnen immer noch kein Patentrezept für das Gelingen des Unterrichtsalltags in einer Willkommensklasse bieten. Vielmehr haben wir zahlreiche Anregungen, Tipps und kleine Alltagshelfer zusammengestellt, von denen wir uns gewünscht hätten, sie am Anfang unserer Willkommensklassenzeit zur Hand zu haben, und die Sie nun an Ihre Klasse bzw. Schule anpassen können.

Das Buch ist in drei Kapitel gegliedert – Ankommen, Verweilen sowie Übergehen und Bleiben – und muss nicht chronologisch gelesen werden. In jedem Kapitel finden Sie konkrete Hinweise, Tipps und theoretische Einordnungen, die Ihnen den Unterrichtsalltag erleichtern können. Wir sind sicher, dass Sie Ihre Arbeit im Buch wiedererkennen, erneut über den Schulalltag nachdenken und weitere wertvolle Anregungen für Ihre Arbeit in Willkommensklassen finden.

Sollten Sie zum ersten Mal eine Willkommensklasse leiten, wird das Buch Ihnen Mut machen, sich auf diese neue Herausforderung einzulassen.

In dem Buch finden Sie Interviews, die Stimmen aus der Praxis repräsentieren: aus Sicht der Schüler, der Lehrer und der Schulleitung.
Exkurse zu Themen wie Übergänge, zur Hattie-Studie und zu Aspekten der Sprachförderung bereichern das Buch.

Im Bereich DaZ/DaF gibt es derart viel Material, dass wir hier darauf verzichtet haben, auch nur annähernd einen Überblick geben zu wollen. Wir greifen einiges heraus, um daran Prinzipien zu verdeutlichen, und verweisen im Anhang auf Literatur für all jene, die am Thema aus Sicht von DaZ praktisch oder auch theoretisch interessiert sind.

Wir wünschen Ihnen viele gute Impulse und freuen uns über Rückmeldungen zu Ihren eigenen Erfahrungen. Lassen Sie uns durch den Austausch gemeinsam lernen.

Anne Krull
Claudia Osburg
Katharina Waldmann

Herzlich willkommen ♡

1

Ankommen

Schulorganisatorische Rahmenbedingungen

⬛ Geflüchtete Kinder und Jugendliche

In der ersten Hälfte des Jahres 2015 sind rund fünf Millionen Menschen geflohen – viele von ihnen aus den Bürgerkriegsregionen des Nahen Ostens und Afrikas (vgl. Hirseland 2016:5). Menschenrechtsverletzungen, gewaltsame Konflikte oder politische, religiöse oder ethnische Verfolgung sind zentrale Gründe. Kinder (und Jugendliche) sind dabei aus mehreren Gründen besonders gefährdet: Sie laufen einerseits Gefahr, als Kindersoldaten rekrutiert, zur Zwangsarbeit eingesetzt oder auch zwangsverheiratet zu werden. Andererseits sind sie von Traumata bedroht; Traumata, die durch die Fluchtsituation entstehen, durch den potenziellen Verlust der Eltern, Trennungen von Familien und andere psychische, aber auch physische Notsituationen.

In den letzten Jahren ist in der EU außerdem ein weiterer Trend beobachtbar: Es wurde ein großer Zugang von Antragstellern verzeichnet, die aus europäischen Ländern kommen und in der EU Aufnahme beantragen. Hier sind die Gründe primär Armut, schwierige Lebensbedingungen oder der Wunsch nach einer besseren Zukunft. Persönlich sind diese Gründe nachvollziehbar, einen Rechtsgrund für internationalen Schutz bilden sie aber nicht.

Für die Schulen sind diese z. T. vorläufigen, noch zu prüfenden Asylanträge bedeutsam. Konkret passiert es nämlich immer wieder, dass Kinder und Jugendliche, die wir kennengelernt haben, mit denen wir arbeiten und die wir wertschätzen, uns verlassen müssen. Und wenn wir ehrlich sind, zerreißt es uns jedes Mal ein Stück das Herz.

Für die Beschulung der Kinder sind zwar die Begrifflichkeiten *(Kinder mit Fluchterfahrungen, Zugewanderte, Seiteneinsteiger)* irrelevant, aber sie können (schulpolitische) Stigmata auslösen. Wir wählen in der Arbeit in Anlehnung an Nora von Dewitz (2016) den dynamischen Begriff *neu zugewanderte Kinder und Jugendliche* bzw. *Schüler nicht deutscher Herkunftssprache*. Damit steht – analog der Beschulung – keine dauerhafte Kategorie im Vordergrund, sondern das Individuum.

Unter den gewählten Begriffen werden jene Kinder und Jugendliche subsumiert, die im schulpflichtigen Alter sind, Migrationserfahrungen haben und über noch nicht vorhandene oder geringe Deutschkenntnisse verfügen, sodass eine Teilnahme am regulären Unterricht aufgrund von Sprachkenntnissen derzeit nicht möglich ist. Auszugehen ist davon, dass ein Großteil der Kinder und Jugendlichen bereits im Herkunftsland beschult wurde. Sobald die Kinder über genug Deutschkenntnisse verfügen, um am regulären Unterricht teilzunehmen, sprechen wir nicht mehr von *neu zugewanderten Kindern und Jugendlichen*. Die Sprache ist damit ein Hauptmerkmal, das der Name vereint, aber dennoch kein Hauptmerkmal, das die Kinder und Jugendlichen vereint. Sie haben höchst heterogene Lebenserfahrungen und diese gilt es, in schulischen Kontexten zu berücksichtigen. Das in Deutschland geltende Recht auf Bildung erhalten auch jene Kinder, die „papierlos" in Deutschland leben (vgl. von Dewitz 2016:22). Durch ihren aufenthaltsrechtlichen illegalen Status gehören auch sie zu der Gruppe, die uns ggf. wieder verlassen wird.

Bei dem Recht auf Schule handelt es sich, je nach Perspektive, auch um eine Schulpflicht. Alle Kinder im schulpflichtigen Alter müssen die Schule besuchen – auch neu zugewanderte Kinder. Da asylsuchende Menschen aber oft noch keiner Gemeinde oder Gebietskörperschaft zugeordnet sind, wird die Schulpflicht zu einem Schulbesuchsrecht, das aber je nach Status des Antrags und je nach Bezirk/Bundesland mehr oder weniger realisiert werden kann oder sollte. Für „papierlose" Kinder ist der Schulzugang in der Praxis beispielsweise erheblich erschwert (vgl. Funck/Karakaşoğlu/Vogel 2015:43).

Schulorganisatorische Einbindung

Die Schulen, die die Kinder und Jugendlichen besuchen werden, sind unterschiedlich. Sie sind unterschiedlich in Bezug auf die Größe, auf das Einzugsgebiet, auf die Konzeption (Oberschule, Realschule, Gymnasium, Stadtteilschule, KGS, IGS ...), auf die finanzielle Ausstattung etc. Und natürlich sind sie unterschiedlich in Bezug auf die dort arbeitenden Personen. Nicht nur dem Schulleitungsteam kommt eine besondere Bedeutung zu, sondern der ganzen Lehrerschaft, denn an gelungener Einbindung sind alle beteiligt. Von daher erstaunt es nicht, dass über das „beste" Modell zur Förderung der Lernenden Uneinigkeit besteht.

Mona Massumi und Nora von Dewitz (2015) beschreiben in ihrer vom Mercator-Institut unterstützten Studie „Neu zugewanderte Kinder und Jugendliche im deutschen Schulsystem" fünf zentrale „theoretische" Modelle zur Eingliederung:

Spezifische Sprachförderung für neu zugewanderte Schüler

Allgemeine Sprachförderung und sprachliche Bildung

ausschließlich Unterricht in der Regelklasse						*kein Unterricht in der Regelklasse*
Unterricht in einer Regelklasse	Spezifische Sprachförderung	Unterricht in einer Regelklasse	Spezifische Sprachförderung im Klassenverband	Unterricht in allen Fächern in einer speziell eingerichteten Klasse (6 – 18 Monate)	Unterricht in allen Fächern in einer speziell eingerichteten Klasse bis zum Schulabschluss	
Allgemeine Sprachförderung		Sukzessive Teilnahme am Unterricht in einer Regelklasse				
Submersives Modell	Integratives Modell	Teilintegratives Modell	Teilintegratives Modell	Paralleles Modell	Paralleles Modell mit Schulabschluss	

Entnommen aus Massumi/von Dewitz (2015:45)

In dem *subversiven Modell* gehen die neu zugewanderten Kinder und Jugend-lichen vom ersten Schultag an in die Regelklassen und nehmen an den allge-meinen Förderangeboten der Schule teil.

Im *integrativen Modell* besuchen sie ab dem ersten Schultag eine Regelklasse. Zusätzlich erhalten sie Sprachförderung.

Neu zugewanderte Kinder und Jugendliche werden im *teilintegrativen Modell* in einer speziell eingerichteten Klasse unterrichtet, in einigen Unterrichtsfächern nehmen sie aber am Regelunterricht teil.

Beim *parallelen Modell* verbringen sie über einen bestimmten Zeitraum die gesamte Unterrichtszeit in einer speziell eingerichteten Klasse. Jene wird parallel zu den regulären Klassen geführt.

Wollen die Jugendlichen im *parallelen Modell einen Schulabschluss* absolvieren, so gehen sie in eine parallel geführte Klasse, bleiben bis zum Ende im Klassen-verband und bereiten sich gemeinsam auf den Schulabschluss vor (vgl. dazu ausführlich von Dewitz 2016:24, Massumi/von Dewitz 2015:45 ff.).

Subversive oder integrative Modelle finden sich meist im Grundschulbereich. Teilintegrative oder parallele Modelle trifft man bevorzugt an weiterführenden Schulformen an. Die konkrete Umsetzung der Modelle setzt weitere Unterschie-de frei, sodass selten das „klassische" Modell erkennbar ist. Besonders individu-ell wird die Verweildauer in den Willkommensklassen gestaltet, d. h. jene Zeit, die die Kinder und Jugendlichen in den Willkommensklassen verbringen – auch hier ist die Tendenz zu beobachten, dass sie in der Grundschule kürzer ist als in den weiterführenden Schulformen; einige Bundesländer geben hierzu Richt-werte vor, die nicht überschritten werden dürfen.

An unserer Schule verfolgen wir das teilintegrative Modell. Von Anfang an werden die Kinder in der speziell eingerichteten Klasse und in der Regelklasse unterrichtet.

Das Gelingen ist aber von allen am Schulleben Beteiligten abhängig. Wenn diese Kinder in Regelklassen inkludiert werden, dann ist auch hier noch ein besonders sprachsensibler Unterricht notwendig.

Das bisher Dargestellte erweckt ggf. den Eindruck, dass Sprache das Bedeut-samste sei. Aber natürlich gibt es viele weitere Handlungsfelder, die sowohl bei der Parallelbeschulung als auch in der Inklusion zu berücksichtigen sind. Die Traumatisierungen und die unterschiedlichen Kulturen und Lebenserfah-rungen (inklusive der Lernerfahrungen) verlangen eine besondere Sensibilisie-rung in einem funktionierenden Netzwerk.

Und: Auch unsere psychische Belastbarkeit als Lehrkräfte ist nicht unbegrenzt. Rückhalt und offene Ohren sind auch für uns – und damit auch indirekt für die Lernenden – bedeutsam.

Lassen Sie sich nun an unsere Schule einladen, machen Sie sich ein Bild von den Kindern und Jugendlichen und begleiten Sie uns. Sie werden vieles in Ihrer Arbeit wiedererkennen und hoffentlich auch neue Impulse bekommen.

Unsere Sprachlernklasse

Wir möchten Sie zunächst mit dem Konzept der Einbindung von Schülern nicht deutscher Herkunftssprache und natürlich unserer Klasse bekannt machen. So haben Sie vielleicht ein lebhafteres Bild vor Augen und können Vergleiche zu Ihrer eigenen Klasse herstellen. Ihre Klasse mag größer oder kleiner sein, die Schüler mögen aus anderen Herkunftsländern kommen und der Erlass zur Förderung jener Lernenden nicht deutscher Herkunftssprache mag in Ihrem Bundesland ein anderer sein – dennoch glauben wir, dass es bestimmte Strukturen und Herausforderungen gibt, die deutschlandweit ähnlich sind.

Heterogenität in der Sprachlernklasse

Das Gelingen der Integration von neu zugewanderten Schülern ist in Teilen abhängig von schulischen Rahmenbedingungen. Einige Bedingungen sind vorgegeben (Anzahl der neuen Schüler, Räumlichkeiten …), aber die meisten sind veränderbar. Das ist wichtig, denn starre Strukturen erschweren das Arbeiten. An unserer Schule gibt es 48 Schüler, die zurzeit eine der zwei Willkommensklassen besuchen. Jede Klasse wird von einem Team aus zwei gleichberechtigten Klassenlehrern geleitet, die neben dem Unterricht auch einen Großteil der Organisation dieser Klassen übernehmen (vgl. auch Gerull/Krull/Waldmann 2016).

Unsere Klasse besteht aus 24 Schülern im Alter von 11 bis 18 Jahren. Diese kommen aus Afghanistan, Eritrea, dem Irak, dem Iran, Rumänien, Syrien und der Türkei. Die Herkunftssprachen der Schüler sind dementsprechend vielfältig: Persisch, Tigrinja, Arabisch, Kurdisch, Türkisch, Rumänisch und Romani. Einige Schüler sind in ihrer Herkunftssprache nicht alphabetisiert, andere sind es, können aber die lateinische Schrift weder lesen noch schreiben. Wiederum andere standen in ihrem Herkunftsland bereits kurz vor einem Schulabschluss. Die Heterogenität ist deutlich spürbar und fordert eine sehr differenzierte Gestaltung des Unterrichts.

Obwohl in unserer Klasse immer wieder neue Schüler hinzukommen und andere die Klasse nach einiger Zeit verlassen, hat sich schnell ein Gemeinschaftsgefühl eingestellt. Denn alle Schüler befinden sich in einer ähnlichen Situation: Sie sind neu in Deutschland und müssen eine neue Sprache lernen.

In bestimmten Situationen spürt man, dass zwischen einigen Schülern un-ausgesprochene Barrieren bestehen, die vielleicht in den spezifischen Konflikten im Herkunftsland ihren Ursprung haben. Dennoch gelingt es den meisten Schülern, diese zu überwinden und zu erkennen, dass eine andere Grundlage für ein Zusammenleben in diesem neuen Umfeld möglich ist. Diese Erkenntnis deutlich werden zu lassen, ist – neben der Integration in die Schulgemeinschaft – ein wichtiges Ziel unserer täglichen Arbeit.

Und das Besondere an unseren Schülern – im Gegensatz zu einigen deutschen schulerfahrenen Kindern und Jugendlichen – ist, dass so gut wie alle lernen wollen: Die Kinder und Jugendlichen wissen, dass die schulische Bildung ihnen viele Perspektiven ermöglicht. Sie sind wissbegierig und bei der Sache – aber manchmal lenken sie dennoch Probleme ab, die wir nicht immer kennen.
Wir können dies an ihren Verhaltensweisen beobachten: Wie alle Kinder und Jugendlichen (und auch Erwachsenen) gibt es Überreaktionen, Zurückgezogen-heit, Ablenkungen und vieles mehr, was wir von anderen Lernenden und von uns selbst kennen.

Um das Bild, das Sie jetzt vielleicht schon vor Augen haben, noch etwas leb-hafter zu gestalten, möchten wir Ihnen einige unserer Schüler vorstellen.

Fulya

Herkunftsland: *Türkei*
Alter: *13 Jahre*
Sprachen: *Kurdisch (Mutter-sprache), Türkisch (fließend)*

Besonderheiten:
Fulya hat mit ihrer Familie an der Grenze zu Syrien gelebt.
Nachdem die türkische Armee das Haus der Familie niedergebrannt hat, ist die Mutter mit ihren fünf Kindern nach Deutschland zu Verwandten geflohen.
Die Familie ist über weite Strecken zu Fuß geflohen.
Fulya hat sich sehr gut integriert, ist sehr hilfsbereit und lernt unglaublich schnell und gewissenhaft Deutsch.

Zahraa

Herkunftsland: *Syrien*
Alter: *17 Jahre*
Sprachen: *Arabisch (Muttersprache/ nicht alphabetisiert)*

Besonderheiten:
Zahraa profitiert von sonderpädagogischer Unterstützung, wie z. B. von besonderer Zuwendung beim Lernen. Sehr häufig gebrauchte Phrasen und Wörter erschließt sie sich langsam, ihre motorischen Fähigkeiten erschweren noch ihr Lernen. Auch die familiären Verhältnisse sind sehr schwierig, da die Eltern getrennt leben, der Vater dies aber nicht akzeptieren will. Nachdem Zahraa ein Jahr lang die Willkommensklasse unserer Schule besucht hatte, konnte sie nach langen Gesprächen mit den Erziehungsberechtigten nun an eine Förderschule wechseln.

Miroslav

Herkunftsland: *Serbien*
Alter: *16 Jahre*
Sprachen: *Serbisch (Muttersprache), Romani, (nicht alphabetisiert)*

Besonderheiten:
Miroslav hat vor seiner Ankunft in Deutschland noch nie eine Schule besucht. Er hat innerhalb eines knappen Jahres Lesen und Schreiben gelernt. Nachdem Miroslav ein Jahr in Deutschland gelebt und sich in seiner Regelklasse integriert hatte, wurden er, seine sieben Geschwister und seine Mutter abgeschoben. Er lebt nun wieder in Serbien und arbeitet auf einer Baustelle.

Atif

Herkunftsland: *Syrien*
Alter: *18 Jahre*
Sprachen: *Arabisch (Muttersprache), Englisch (fließend)*

Besonderheiten:
Atifs Familie ist 2013 zunächst in die Türkei geflohen. In der Türkei stand Atif an einem libyschen Gymnasium kurz vor dem Abitur. In Deutschland hat er sich in der Willkommensklasse – in der die meisten Schüler wesentlich jünger sind als er– häufig unterfordert gefühlt. Atif besucht jetzt die Volkshochschule, um dort intensiv Deutsch zu lernen. Er wird dann versuchen, in der 10. Klasse wieder einzusteigen, um sein Abitur zu machen. Sein Berufswunsch ist Zahnarzt.

Bezeichnungen für Klassen oder Lerngruppen mit neu zugewanderten Kindern und Jugendlichen

In einigen Bundesländern werden neue Klassen eingerichtet, in denen neu zugewanderte Kinder und Jugendliche unterrichtet werden. Das Einzugsgebiet und die Anzahl jener, die an einer Schule neu unterrichtet werden, spielen neben den räumlichen, personellen und organisatorischen Ressourcen einer Schule eine Rolle. Die Entscheidung ist damit nicht (ausschließlich) von den Deutschkenntnissen abhängig. Die Namen, die den neuen Klassen gegeben werden, sind vielfältig.

Manche Titulierungen heben den sprachlichen Aspekt hervor, weil Sprache zwar kein hinreichendes, aber ein bedeutsames Kriterium ist:

Deutschförderkurse, DaZ-Kurse, Sprachlernklassen, Sprachförderunterricht, Sprachvorkurse, DaZ-Aufbaukurse etc., all das sind Namen, in denen der Sprache eine zentrale Bedeutung beigemessen wird. Durch andere Bezeichnungen wird der allgemeine Fördercharakter hervorgehoben: Intensivkurse, Vorbereitungsklassen, Fördergruppen oder -klassen, Eingliederungslehrgang, Seiteneinsteigerklassen oder auch „Auffangklassen" (vgl. Abb. S. 22, vgl. auch ausführlich Decker-Ernst 2017).

In einigen Bundesländern heißen die Klassen häufig Willkommensklassen. Die in Deutschland teilweise abgeebbte Willkommenskultur hat keine Auswirkungen auf das Willkommensein in unserer Klasse. Alle Kinder sind hier willkommen, sie werden warmherzig aufgenommen, es wird mit ihnen respektvoll kommuniziert und sie bekommen Zeit, sich einzuleben.

Bundesland	Primarstufe	Sekundarstufe I und II
Baden-Württemberg	Vorbereitungsklassen; Vorbereitungskurse; Einstiegsklassen	Vorbereitungsklassen; Vorbereitungskurse
Bayern	Deutschförderkurse; Deutschförderklassen; Übergangsklassen	Deutschförderkurse; Deutschförderklassen; Übergangsklassen
Berlin	Lerngruppen für Neuzugänge ohne Deutschkenntnisse	Lerngruppen für Neuzugänge ohne Deutschkenntnisse
Brandenburg	Förderkurse; Unterricht in Vorbereitungsgruppen	Förderkurse; Unterricht in Vorbereitungsklassen
Bremen	Vorkurse	Vorkurse; Berufswahlvorbereitungskurse
Hamburg	Alphabetisierungsklassen (Alpha-Klasse); Internationale Vorbereitungsklassen (IVK)	Alphabetisierungsklassen (Alpha-Klasse); Internationale Vorbereitungsklassen (IVK); Internationale Vorbereitungsklassen - Erster allgemeinbildender Schulabschluss (IVK - ESA); Internationale Vorbereitungsklassen - Mittlerer Schulabschluss (IVK - MSA); Internationale Vorbereitungsklassen am Gymnasium (IVK - Gym); Berufsvorbereitung für Migrantinnen und Migranten mit einem gesicherten Aufenthaltsstatus (BVJ-M); Vorbereitungsjahr für Migrantinnen und Migranten mit einem ungesicherten Aufenthaltsstatus (VJ-M)
Hessen	Deutsch-Förderkurse; Intensivkurse (darin Alphabetisierungskurse enthalten); Intensivklassen (darin Alphabetisierungskurse enthalten)	Deutsch-Förderkurse; Intensivkurse (darin Alphabetisierungskurse enthalten); Intensivklassen (darin Alphabetisierungskurse enthalten)
Mecklenburg-Vorpommern	Begleitende Förderung; Intensivförderung	Begleitende Förderung; Intensivförderung
Niedersachsen	Förderkurse „Deutsch als Zweitsprache"; Sprachlernklassen	Förderkurse „Deutsch als Zweitsprache"; Sprachlernklassen; Förderunterricht; Sprachförderklassen (BVJ-A)
Nordrhein-Westfalen	Vorbereitungsklassen; Auffangklassen	Auffangklassen; Vorbereitungsklassen; Internationale Förderklassen
Rheinland-Pfalz	Eingliederungslehrgänge; Sprachvorkurse	Eingliederungslehrgänge; Sprachvorkurse; Stütz- und Förderunterricht
Saarland	Förderstunden; Vorbereitungsklassen; Intensivkurse	Förderstunden; Vorbereitungsklassen; Intensivkurse
Sachsen	Vorbereitungsklassen	Vorbereitungsklassen
Sachsen-Anhalt	Fördergruppen; Förderklassen	Fördergruppen; Förderklassen
Schleswig-Holstein	Stützkurs; DaZ-Aufbaukurs; Vollzeit-Basiskurs	Stützkurs; DaZ-Aufbaukurs; Vollzeit-Basiskurs
Thüringen	*keine Rückmeldung*	*keine Rückmeldung*

Text unterstrichen = Bezeichnung für additive Fördermaßnahmen; Text ohne Hervorhebung = teilintegrativ und extra eingerichtete Klassen

Entnommen aus Massumi/von Dewitz (2015:12)

Bezeichnungen der Klassen bzw. Lerngruppen für neu zugewanderte Kinder und Jugendliche in den Ländern. Die Tabelle macht keine Aussage darüber, ob und in welchem Umfang diese und ggf. weitere Modelle in den Bundesländern zum Einsatz kommen.

Erlasslage und Konzept

Da unsere Schule in Niedersachsen liegt, orientiert sich das Konzept am Erlass „Förderung von Bildungserfolg und Teilhabe von Schülerinnen und Schülern nicht deutscher Herkunft" des Landes Niedersachsen und nimmt die Kernelemente dieses Erlasses auf.

Eine Willkommensklasse wird eingerichtet, wenn es an einer Schule zehn oder mehr Schüler gibt, deren Deutschkenntnisse nicht ausreichen, um am Regelunterricht erfolgreich teilzunehmen. Die Willkommensklasse ist jahrgangsübergreifend und umfasst die Schuljahrgänge 5 bis 10. Ziel der Einrichtung dieser Klasse ist es, Schülern nicht deutscher Herkunftssprache die Partizipation am Schulleben und letztlich einen Bildungsabschluss zu ermöglichen. Es muss betont werden, dass diese Klasse eine Übergangsklasse ist, welche die Schüler nach einer gewissen Zeit auch wieder verlassen (teilintegratives Modell).

Neu zugezogene Schüler nicht deutscher Herkunftssprache werden vor der Anmeldung an der Schule gemeinsam mit ihren Eltern zu einem Aufnahmegespräch eingeladen, damit wir Informationen über sie selbst und v. a. ihre Bildungsbiografie erhalten können (vgl. S. 27–32). Danach besuchen sie zunächst ein bis zwei Monate ausschließlich die Willkommensklasse. In dieser Zeit können sie das deutsche Schulsystem im Allgemeinen und unsere Schule im Speziellen kennenlernen. Die erste Eingewöhnungsphase dient aber ebenso dazu, dass wir Lehrkräfte der Willkommensklasse die Schüler beobachten und ihren Sprachstand feststellen können. In dieser Zeit geht es für die Schüler darum, eine gewisse sprachliche Handlungsfähigkeit zu entwickeln. Dazu werden die wichtigsten alltagsnahen Wortfelder und in Teilen auch grundlegende grammatische Strukturen mit den Schülern erarbeitet. Neben der sprachlichen Förderung ist eine Vorbereitung der Schüler auf die aktive Teilnahme am Schulleben besonders wichtig. Dies bedeutet, dass man alltagspraktische Dinge – wie z. B. den Vertretungsplan lesen – einübt.
Um eine sinnvoll aufeinander aufbauende Struktur des Unterrichts zu gewährleisten, trifft sich das Kernteam der Willkommensklasse einmal in der Woche für zwei Unterrichtsstunden und bespricht gemeinsam in einer Teamsitzung den Unterrichtsfortschritt, aber auch Probleme und Fragen.
Nach der Eingewöhnungsphase in der Willkommensklasse ist eine erste Zuordnung zu einer Regelklasse möglich. Diese wird von den Lehrkräften der Willkommensklasse und der Schulleitung nach einem Gespräch mit den Eltern vorgenommen. Wichtige Bezugspunkte sind dabei das Alter des Schülers, seine Bildungsbiografie sowie der bisherige Eindruck seiner Leistungen in der Willkommensklasse. Da wir an einer Kooperativen Gesamtschule unterrichten, bietet sich die Möglichkeit, eine Zuordnung zum Gymnasial-, Real- oder Hauptschulzweig vorzunehmen. Da wir auch nach den zwei Monaten die fachlichen

Qualitäten der Schüler in den einzelnen Fächern noch nicht einschätzen können, ist dies zunächst immer eine vorläufige Einordnung.

Ist die erste Zuordnung erfolgt, wird der Schüler in beiden Klassen beschult – in der Willkommensklasse und in der Regelklasse. Dies erfordert, dass jeder einzelne Schüler einen individuellen Stundenplan bekommt, der von den Klassenlehrern der Willkommensklasse erstellt wird.

In der ersten Zeit, in der der Schüler die Regelklasse besucht, wird verstärkt darauf geachtet, dass der Schüler Zeit bekommt, sich in seiner neuen Klasse zurechtzufinden. Das bedeutet, dass auch die Klassenlehrer sowie die Fachlehrer der Regelklasse den Schüler zunächst nicht zu sehr fordern. Um herauszufinden, welches Fachwissen der Schüler in seinem Heimatland bereits erworben hat, wird er zunächst v. a. am Mathematik- und Englischunterricht teilnehmen. Dies ist wichtig, damit nach kurzer Zeit mit einer angemessenen Förderung in diesen beiden Hauptfächern begonnen werden kann. Im Vordergrund des Lernens in der Regelklasse steht allerdings der Spracherwerb. Durch den Besuch der Regelklasse, also eines Umfelds, in dem ausschließlich Deutsch gesprochen wird und in dem der Schüler so kontinuierlich gefordert ist, selbst Deutsch zu sprechen, wird eine sinnvolle Ergänzung zum Unterricht der Willkommensklasse geschaffen.

Nach einer gewissen Zeit nimmt der Schüler an immer mehr Unterrichtsstunden der Regelklasse teil. Dies wird in ständiger Absprache mit dem Regelklassenlehrer abgestimmt. Hierzu haben wir feste Sprechstunden eingerichtet, in denen Anfragen der Regelklassenlehrer und Lernfortschritte der Schüler besprochen werden können.

Schüler nicht deutscher Herkunftssprache sind, in Niedersachsen nach aktueller Erlasslage, zwei Jahre lang berechtigt, am Unterricht der Willkommensklasse teilzunehmen. Nach dieser Zeit müssen sie in eine Regelklasse übergehen und erhalten nur noch eine additive Förderung in Form von DaZ-Förderkursen.

Das Übergangsverfahren im Überblick:

1. **Die Aufnahme in die Willkommensklasse** – 2- bis 3-monatige Eingewöhnungsphase: Unterricht erfolgt nur in der Willkommensklasse
2. **Der erste Besuch der Regelklasse** (v. a. im Klassenunterricht in Mathematik und Englisch) – paralleler Besuch der Willkommensklasse
3. **Der erweiterte Besuch der Regelklasse** – paralleler Besuch der Willkommensklasse mit abnehmendem Anteil
4. **Der Übergang in die Regelklasse** – additive Förderung in einem DaZ-Förderkurs

Es hat sich aus unserer Sicht als sinnvoll erwiesen, das hier beschriebene **teil-integrative Modell** der Sprachförderung zu verfolgen. Da eine exklusive Beschulung in der Sprachlernklasse eine Trennung von der Schulgemeinschaft bedeuten würde, haben wir dieses Modell für uns ausgeschlossen. Es ist wichtig, dem Spracherwerb, der durch die praktische Anwendung in einem authentischen Kontext erfolgt, genug Raum zu geben. Aus unseren Erfahrungen heraus ergibt sich ein ganzheitlicher Spracherwerb erst aus der Herausforderung, die zu lernende Sprache in unterschiedlichen Kontexten anzuwenden.

Weil Sie sich nicht teilen können: Zur Organisation des Unterrichts

Der Willkommensklasse stehen laut Erlass 30 Wochenstunden Unterricht zur Verfügung. Dennoch beinhaltet der Willkommensklassen-Stundenplan unserer Klasse nur 20 Stunden. Allein vier Stunden des Unterrichts werden für die Organisation der Klasse – also etwa Stundenpläne schreiben, Elterngespräche führen, Austausch mit Kollegen – genutzt. Die übrigen Stunden werden bereitgestellt, um eine Doppelbesetzung des Unterrichts zu ermöglichen. Da die Zusammensetzung der Lerngruppe besonders heterogen ist, versuchen wir, in den einzelnen Stunden mit mehreren Lehrkräften in der Klasse zu unterrichten. Dies geschieht auch durch den Einsatz von Freiwilligen. Dies können hilfsbereite Eltern, Oberstufenschüler oder Studenten sein. Wir haben z. B. sehr gute Erfahrungen damit gemacht, interessierte Oberstufenschüler mit in den Unterricht zu nehmen. Die Vorbereitung der Stunde führen natürlich dennoch Sie als Lehrkraft durch, aber es ist eine große Entlastung in der Stunde, wenn es auch noch einen zweiten Ansprechpartner für etwaige Fragen der Schüler der Willkommensklasse gibt. Oberstufenschüler können dies meist bereits sehr gut leisten und sind äußerst beliebt bei den Schülern der Willkommensklasse. Zudem schaffen Sie eine weitere Möglichkeit der Integration der Willkommensklassenschüler in die Schulgemeinschaft. Sollten Sie dieses Verfahren auch in Ihrer Schule implementieren wollen, müssen Sie dafür allerdings in der Oberstufe vermehrt Werbung machen, da die Schüler in der Qualifikationsphase natürlich einen sehr vollen Stundenplan haben und in der Vorbereitung auf das Abitur sind. Dennoch sind nicht wenige bereit, sich in ihren Freistunden in der Willkommensklasse ehrenamtlich zu engagieren. Konnten Sie erst einmal ein paar Schüler motivieren, die Mitarbeit in der Willkommensklasse auszuprobieren, spricht es sich meist schnell herum, dass dies sehr viel Freude macht und sich am Ende auch noch in anderer Weise lohnt. Hat ein Oberstufenschüler über ein Halbjahr kontinuierlich in der Willkommensklasse ausgeholfen, erhält er von uns ein Zertifikat über seine Arbeit. Es hat sich gezeigt, dass diese Zertifikate bei den Oberstufenschülern sehr beliebt sind, da sie sich auch in einer Bewerbung gut machen.

Insgesamt sollten Sie sich unbedingt bemühen, dass der Bereich Deutsch als Fremdsprache einem Fachbereich – etwa dem Fachbereich Sprachen oder dem Fachbereich Deutsch – untergeordnet wird. So können Sie einige Aufgaben und Probleme sicher auch in Zusammenarbeit mit der Fachbereichsleitung und den anderen Fachbereichsmitgliedern diskutieren und lösen.

Bescheinigung über die Mitarbeit in der Willkommensklasse im Schuljahr 20___/20___

Die Schülerin _____ hat die

Lehrerinnen und Lehrer der Willkommensklasse im Schuljahr _____

in ihrer unterrichtsfreien Zeit ehrenamtlich unterstützt.

Sie hat in dieser Zeit mit Schülerinnen und Schülern aus unterschied-

lichen Nationen im Bereich „Deutsch als Fremdsprache/Deutsch als

Zweitsprache" gearbeitet. Dabei konnte sie den Schülerinnen und

Schülern helfen, sowohl inhaltliche als auch methodische Kompetenzen

auf- und auszubauen.

Durch ihre verantwortungsvolle Arbeitseinstellung sowie ihre freund-

liche, zuverlässige und positive Art hat sie den Schülerinnen und

Schülern zudem stets als Vorbild gedient.

_____ besonderes Engagement in

der Willkommensklasse und der damit verbundene Einsatz über

sprachliche und kulturelle Grenzen hinaus ist ein wertvoller Beitrag

für die Schulgemeinschaft.

Wir bedanken uns hiermit herzlich für die geleistete Arbeit!

....
Klassenleitung Willkommensklasse   *Schulleiter(in)*

Die Aufnahmegespräche

Sprachliche Vielfalt von Anfang an

Die Einführung von Aufnahmegesprächen war für unseren Schulalltag ein sehr wichtiger Schritt, der die Organisation und Unterrichtsqualität verbessert und das gegenseitige Verständnis von Schülern und Lehrkräften gesteigert hat. Wollen sich Schüler nicht deutscher Herkunftssprache an unserer Schule anmelden, erhalten sie von den Mitarbeitern des Sekretariats einen Termin für ein Aufnahmegespräch, welches selbstverständlich so zeitnah wie möglich stattfindet. Bei diesem Aufnahmegespräch sind die Klassenlehrkräfte der Sprachlernklasse, die Erziehungsberechtigten (bzw. bei unbegleiteten minderjährigen Flüchtlingen die gesetzlichen Vormünder), der Schüler und ggf. ein Dolmetscher anwesend.

Die Bereitstellung eines Dolmetschers ist oftmals eine große Herausforderung. In vielen Regionen haben Schulen zwar formal die Möglichkeit bzw. das Recht, für solche Termine einen Dolmetscher anzufordern, in der Praxis scheitert dies aber oft daran, dass diese Dolmetscher so stark angefragt sind, dass man kaum einen Termin bekommt. Wir haben deshalb einen eigenen Dolmetscherkreis aufgebaut, indem wir Eltern von mehrsprachigen Kindern angesprochen haben, ob diese bereit wären, für uns zu übersetzen, oder ob sie uns Personen aus ihrem Umfeld vermitteln können. Und auch eine Umfrage im eigenen Freundes- und Bekanntenkreis ist sehr empfehlenswert, man entdeckt dort oft ungeahnte Sprachkenntnisse oder Kontakte.

Mit den Aufnahmegesprächen verfolgen wir mehrere Ziele: Einerseits erfahren wir als Lehrkräfte so mehr über den jeweiligen Schüler. Andererseits geben sie auch den Eltern und Schülern die Möglichkeit, Fragen zu stellen und mehr über die Schule bzw. das Schulsystem und ihre neue Klasse zu erfahren.

Diese Gespräche können zudem dazu dienen, herauszufinden, inwiefern Ihre Schule bzw. Schulform überhaupt die richtige Wahl für den jeweiligen Schüler ist. So raten wir z. B. Schülern ab 15 Jahren, für die das Abitur aufgrund ihrer bisherigen Bildungsbiografie keine realistische Zielperspektive ist, sich an einer berufsbildenden Schule anzumelden. Hier bekommen die Schüler die Möglichkeit auf einen schnellstmöglichen Abschluss in einem altersgerechten Umfeld. Zudem sind die Klassen für Schüler nicht deutscher Herkunftssprache an berufsbildenden Schulen oftmals praktisch orientiert und bieten so bereits erste Einblicke in mögliche Ausbildungswege. Schüler zwischen 10 und 15 Jahren nehmen wir aber, unabhängig von ihrer bisherigen Bildungsbiografie, in jedem Fall in unsere Schule auf und versuchen dann, sie optimal zu fordern und zu fördern.

Wenn die Schüler an unserer Schule angemeldet werden sollen, werden die Familien nach dem Aufnahmegespräch vom Dolmetscher ins Sekretariat begleitet, um die Aufnahmeformalitäten zu erledigen.

Durch die Aufnahmegespräche werden eventuelle Berührungsängste der neuen Schüler und auch der Eltern abgebaut, da sie die neue Schule und die Lehrkräfte kennenlernen können. Die Aufnahmegespräche haben außerdem dazu geführt, dass wir die Schüler von Anfang an ein bisschen besser einschätzen und deshalb auch individueller und passgenauer auf sie eingehen können. Wie auch bei deutschen Schülern gibt es bei diesen Kindern und Jugendlichen ein großes Spektrum von Fähigkeiten. Wir Lehrende wissen meistens nicht, welche sprachlichen und kognitiven Voraussetzungen das Kind mitbringt. Häufig entsteht dann im Gespräch ein erster Eindruck über die Fähigkeiten der Kinder. Wurde das Kind bereits beschult? Wenn ja, wie lange? Was sind Potenziale des Kindes? Außerdem sollte geklärt werden, wie der Schüler in der Muttersprache spricht. Gibt es sprachliche Auffälligkeiten, die das Erlernen der deutschen Sprache eventuell erschweren könnten?

An der Charles Sturt University in Sydney wurde ein Fragebogen zur Verständlichkeit der Muttersprache entwickelt. Auf einer Skala, Intelligibility in Context Scale, sollen die Eltern die Verständlichkeit ihres Kindes in der Muttersprache anhand von sieben Punkten einschätzen. Der einseitige Fragebogen bzw. die Skala wurde in 63 Sprachen übersetzt (vgl. Abb. S. 29) und ist einsehbar unter:
www.csu.edu.au/__data/assets/pdf_file/0007/399976/ICS-German-English.pdf
Der Fragebogen, den wir auf einer Fortbildung kennengelernt haben und der sich in der Praxis sehr bewährt hat, hat verschiedene Vorteile:
Zunächst fühlen sich die Eltern wertgeschätzt, da sie in ihrer Sprache angesprochen werden. Sie können uns Auskünfte über das Wertvollste geben, das sie besitzen: ihre Kinder. Bereits in jenem Fragebogen erfahren Sie einiges über das Verhältnis zwischen Eltern und Kind. Nutzen Sie ihn.

Der Fragebogen ist auch ein Einstieg in eine Kooperation. Die Eltern haben etwas Schriftliches, an das sie anknüpfen können, wenn sie uns weitere Informationen über die Kinder geben möchten.

Der bedeutsamste Vorteil des Fragebogens für uns liegt aber darin, Kenntnisse über den Erwerb der Erstsprache zu erhalten. Jenes Wissen ist wichtig für das Lernen an der deutschen Schule. Gerade wenn der Erstspracherwerb unter erschwerten Bedingungen erfolgte und ggf. noch nicht abgeschlossen ist, kann die Zweit- oder oft Mehrsprachigkeit belastend für Kinder sein. Wenn bei den Kindern Auffälligkeiten in der Erstsprache vorliegen, sind wir als Regelpädagogen überfordert. Professionelle sprachtherapeutische Unterstützung von Anfang an ist wichtig. Selbst wenn die Kinder später verständlich sprechen, werden häufig sprachliche Probleme beim Schriftspracherwerb erneut deutlich; unser Bildungsauftrag wäre schwer zu erfüllen.

Skala zur Verständlichkeit im Kontext: Deutsch

Intelligibility in Context Scale (ICS): German
(McLeod, Harrison, & McCormack, 2012)
Translated by: Dr. Sandra Neumann, Universität zu Köln, Deutschland, 2012
Sandra Neumann, Ph.D., University of Cologne, Germany, 2012

Name des Kindes:_____

Geburtsdatum:_____männlich/weiblich:_____

Kind spricht die Sprachen:_____

Datum:_____Alter des Kindes:_____

Ausfüllende Person der Skala:_____

Beziehung zum Kind:_____

Die folgenden Fragen fragen ab, wie sehr das Gesagte Ihres Kindes von unterschiedlichen Personen verstanden wird. Bitte denken Sie an die Sprechweise Ihres Kindes im letzten Monat, wenn Sie die Fragen beantworten. Umkreisen Sie bei jeder Frage nur eine Zahl.

	immer	meistens	manchmal	selten	nie
1. Verstehen **Sie** ihr Kind?	5	4	3	2	1
2. Versteht der **engste Familienkreis** Ihr Kind?	5	4	3	2	1
3. Versteht der **erweiterte Familienkreis** Ihr Kind?	5	4	3	2	1
4. Wird Ihr Kind **von seinen Freunden** verstanden?	5	4	3	2	1
5. Verstehen andere **Bekannte** Ihr Kind?	5	4	3	2	1
6. Wird Ihr Kind **von seinen Lehrern/Erziehern** verstanden?	5	4	3	2	1
7. Verstehen **Fremde** Ihr Kind?	5	4	3	2	1
Gesamtwert =	/35				
Durchschnittswert =	/5				

[1] Diese Einschätzung könnte für die Sprechweise Erwachsener adaptiert werden, wenn *Kind* durch *Lebensgefährte/Ehepartner* ersetzt wird.
[2] Der Begriff *Fremde* könnte in *Unbekannte* geändert werden.

In Niedersachsen beispielsweise haben Schulen für sprachbehinderte Kinder noch Bestandsschutz. Da unsere Schule Tür an Tür mit der Förderschule liegt, kann eine enge Zusammenarbeit erfolgen. Manche Kinder können an der Förderschule individueller unterrichtet werden und die Sonderpädagogen mit ihrem diagnostisch geschulten Blick erkennen erschwerte Lernbedingungen in vielen Fällen eher als wir. Bei der Vielfalt an Sprachen sind wir auf die Mitarbeit angewiesen. Wie auch bei deutschen Eltern ist der Ehrgeiz bei manchen hoch. Konkret heißt dies, dass einige Eltern die Sprache ihrer Kinder überbewerten –

die Gründe sind individuell, manchmal aber auch kulturell geprägt. Wir versuchen, den Eltern deutlich zu machen, dass ehrliche Antworten für die Bildungswege der Kinder hilfreich sind.

Im Folgenden haben wir einige Tipps und Anregungen für die Organisation und Gestaltung eines solchen Aufnahmegesprächs zusammengestellt.

Organisatorische Tipps

- Für die Organisation von Aufnahmegesprächen empfiehlt sich eine enge Zusammenarbeit mit dem Schulsekretariat. Das Sprachlernklassenteam unserer Schule hat feste Stunden, in denen solche Gespräche stattfinden können. Dazu haben wir im Sekretariat einen Kalender mit möglichen Terminen hinterlegt, in den die Mitarbeiter eigenständig Termine eintragen können. Dieses Vorgehen hat sich bewährt, da es einfach und effizient ist.

- Bitten Sie die Mitarbeiter des Sekretariats, beim Erstkontakt herauszufinden, welche Sprache der Schüler bzw. die Erziehungsberechtigten sprechen, damit sie ggf. Dolmetscher einbestellen können.

- Versuchen Sie, möglichst viele Dolmetscher (Lehrkräfte, Mitarbeiter der Schule, Eltern, ältere Schüler) zu gewinnen. Oftmals ist es dem Schulträger nicht möglich, Ihnen professionelle Dolmetscher zur Seite zu stellen.

- Wählen Sie für das Erstgespräch eine möglichst ungestörte, entspannte Atmosphäre und versuchen Sie, den Eltern und Schülern zu verdeutlichen, dass es sich nicht um einen Test handelt, sondern um ein Gespräch, das dazu dient, einander besser kennenzulernen. Es ist nicht schlimm, wenn das Kind etwas noch nicht kann. Es ist vielmehr enorm wichtig, dass die Eltern bzw. Schüler dies ehrlich sagen, damit der Schüler optimal gefördert und gefordert werden kann.

- Halten Sie einen Stundenplan und ggf. eine Materialliste bereit, die Sie den Schülern mitgeben können. Außerdem stellen zahlreiche Schulbehörden inzwischen mehrsprachige Informationen zum deutschen Schulsystem zur Verfügung, die oft sehr hilfreich sein können.

- Fragen Sie Schüler der gleichen Herkunftssprache, ob sie dem neuen Schüler schon einmal die Schule zeigen können, um Berührungsängste abzubauen.

- Vereinbaren Sie am Ende des Gesprächs einen Termin für den ersten Schulbesuch, zu dem Sie auch in der Klasse sind, um den Schüler in Empfang zu nehmen und der Klasse vorzustellen.

Fragen für das Aufnahmegespräch

Damit das Aufnahmegespräch gewinnbringend und informativ gestaltet werden kann, haben wir mögliche Fragen zusammengestellt, die sich aus unserer Sicht bewährt haben. Sicherlich sind nicht alle für Ihre Schulform bzw. Altersstufe relevant. Wählen Sie einfach jene aus, die Ihnen für Ihren Schulalltag wichtig erscheinen oder nutzen Sie unsere Zusammenstellung als Anregung. Wichtig ist lediglich, dass Sie sich grundsätzlich überlegen, welche Informationen Sie zur Gestaltung des Schullalltags benötigen und welche Informationen eher nachrangig sind.

Sollten Sie sich einen eigenen Fragebogen zusammenstellen, achten Sie darauf, Ihrem Gegenüber nicht das Gefühl zu geben, Sie würden einen Fragenkatalog abarbeiten. Versuchen Sie, eine Kommunikationssituation zu schaffen, die eher einem gegenseitigen Kennenlernen entspricht. Dies gibt den Schülern und ihren Eltern außerdem die Möglichkeit, sich freier zu äußern und Ihnen so vielleicht wichtige Informationen mitzuteilen, die Ihr Fragebogen nicht erfasst. Zur besseren Übersicht haben wir die möglichen Fragen nach Themenbereichen geordnet.

Mögliche Fragen für das Aufnahmegespräch

Sprache
- Welche Sprachen spricht der Schüler?
- Wann hat er Sprechen gelernt? Wie verständlich ist seine Muttersprache?
- In welchen Sprachen ist der Schüler alphabetisiert bzw. beherrscht der Schüler die lateinische Schrift?
- Hat der Schüler in der Schule Englisch gelernt und wenn ja, wie lange?

Schulischer Werdegang
- Wie viele Klassen hat der Schüler abgeschlossen bzw. wie viele Jahre ist er zur Schule gegangen?
- Erfolgte ein regelmäßiger Schulbesuch? Wie lange wurde der Schulbesuch durch die Flucht/den Krieg/Unruhen unterbrochen?
- Welche Fächer wurden im Heimatland unterrichtet?
- Welche Fächer kann der Schüler gut? Wo hat er Schwierigkeiten?

Organisatorisches

- Gibt es im Umfeld der Eltern eine Deutsch sprechende Person, die im Notfall telefonisch erreicht werden kann?
- Ist die Familie berechtigt, Leistungen im Rahmen des Bildungs- und Teilhabepakets (BuT) zu beziehen?
- Haben die Eltern die Möglichkeit, Schulmaterialien einzukaufen, bzw. wissen sie, wo und wie sie dies tun können?
- Kann der Schüler schwimmen?
- Wurde der Schüler in Deutschland bereits einem Kinderarzt vorgestellt?
- Ist der Schüler geimpft?
- Gibt es medizinische Besonderheiten, über die die Lehrkräfte Bescheid wissen sollten?
- Gibt es sonstige Besonderheiten, die für den Schulalltag wichtig sind?
- Hat der Schüler Allergien und Unverträglichkeiten?
- Gibt es Speisen, die der Schüler aus religiösen Gründen nicht isst?
- Kann der Schüler Fahrrad fahren?
- Kann der Schüler vorbehaltlos am Sportunterricht teilnehmen?

Persönliches

- Welche Interessen hat der Schüler?
- Gibt es Dinge, die er besonders gerne tut?
- Gibt es Dinge und Situationen, die er eher vermeidet?

Achtung, Traumata!

Fragen nach eventuellen Traumatisierungen sollten vorsichtig und sensibel gestellt werden. Hier bieten sich Formulierungen an wie „Ist in Ihrem Heimatland oder auf dem Weg nach Deutschland eventuell etwas passiert, das Ihr Kind beschäftigt bzw. beeinflusst?".

Zum Umgang mit Traumatisierungen finden Sie weitere Hinweise auf S. 95/96.

Die Feedbackrunde: Wie erleben Eltern und Schüler die deutsche Schule?

Reist man in ein fremdes Land, so hat man bestimmte Vorstellungen davon, wie Dinge in diesem Land funktionieren und wie das Zusammenleben durch die Kultur des jeweiligen Landes geprägt ist. Auch die neu zugewanderten Kinder und Jugendlichen sowie ihre Eltern haben sicher bestimmte Erwartungen gehabt, schließlich haben sich viele bewusst dafür entschieden, ihre Flucht über andere europäische Länder nach Deutschland fortzusetzen. Einiges mag sich sicher erfüllt haben, anderes sich als schwieriger erweisen als zunächst vielleicht gedacht.

Auch wir hatten in unserer bisherigen Arbeit in der Willkommensklasse viele „Aha-Erlebnisse" – oft haben sich diffuse Annahmen bezüglich der Verhaltensweisen unserer Schüler bestätigt, manchmal wurden uns aber auch unsere eigenen Vorurteile deutlich.

Es kann sich für Sie lohnen, die Schüler und auch die Eltern der Willkommensklasse mithilfe von Dolmetschern zu ihren Erwartungen an die Schule und Erlebnissen in der Schule zu befragen. Wir haben dies an einem Vormittag gebündelt getan, um unsere Schüler noch besser kennenzulernen. Dazu haben wir mit den Dolmetschern vorher besprochen, welche Aspekte und Fragen uns interessieren würden. Die Dolmetscher haben dann in kleinen Runden mit den Schülern ein Gespräch angeregt, dem wir als Lehrkräfte allerdings ferngeblieben sind, um den Schülern die Möglichkeit zu geben, frei zu sprechen.

Ein Effekt dieser Feedbackrunde war, dass wir bestimmte Verhaltensweisen unserer Schüler im Unterricht viel besser verstehen konnten. Durch die Kontrastierung der Erfahrungen in der neuen deutschen Schule mit denen in der alten Schule im Heimatland hat sich gezeigt, dass die meisten Schüler plötzlich in der deutschen Schule mit einem erhöhten Maß an Freiheit umgehen müssen, sie aber dennoch nun ebenso die Pflicht haben, die Schule zu besuchen (dazu wird später noch ausführlich berichtet, vgl. 84–86).

Wir möchten Ihnen diese Gesprächsrunde sehr ans Herz legen. Für uns war sie ungeheuer erkenntnisreich, da wir durch die Sprachbarriere mit den Schülern in einigen Fragen bisher nicht ins Detail gehen konnten. Wie auch in Regelklassen lohnt es sich ebenso in Willkommensklassen, das Feedback der Schüler zu erfragen, um die eigene Wahrnehmung des Unterrichts damit zu kontrastieren und im besten Fall anschließend zu optimieren. So können Sie den Schülern Raum geben, in ihrer Muttersprache zu berichten, was sie vielleicht schon lange mitteilen wollten, es aber aufgrund der vielleicht noch geringen Sprachkenntnisse bisher nicht konnten. Durch dieses Gespräch fühlen sich die Schüler ernst genommen und ihnen wird noch deutlicher bewusst, dass man als Lehrkraft ein Interesse an ihren Ansichten und Vorschlägen hat (vgl. S. 43–48).

Die Erwartung der Schüler an die deutsche Schule ist zunächst immer die gleiche: Sie wollen hier konzentriert Deutsch lernen, um später eine gute Berufsperspektive zu haben. Es werden viele Hoffnungen in die sich ergebenden Möglichkeiten gelegt, die v. a. von den Schülerinnen häufig als sehr besonders wahrgenommen werden. Neben den beschriebenen Hoffnungen zeigt sich eine große Dankbarkeit in den Aussagen der Schüler. Laut der meisten Beschreibungen hat sich ihre schulische Situation in vielen Bereichen stark zum Besseren verändert. Dennoch nehmen sie auch wahr, wie schwierig der Unterricht in der Regelklasse für sie ist – v. a. in sprachintensiven Fächern. In dem Gespräch kamen auch Probleme zum Vorschein, die wir als Lehrkräfte gar nicht wahrgenommen hatten – z. B. die Verwendung der Schreibschrift an der Tafel durch Lehrkräfte der Regelklassen. Viele der Willkommensklassenschüler haben Probleme, diese Schrift zu lesen, trauen sich in der Regelklasse aber auch nicht, dies dem Lehrer zu sagen. Zudem haben einige Schüler der Willkommensklasse auch Ängste vor Vorurteilen seitens der deutschen Schüler. Dies äußerten v. a. die Schülerinnen, die ein Kopftuch tragen.

Im Zusammenhang mit der Feedbackrunde in der Schule haben wir einen in unterschiedlichen Sprachen übersetzten Elternbrief mit ähnlichen Fragen an die Eltern verschickt, in dem wir diese gebeten haben, in ihrer Muttersprache auf die Fragen zu antworten. Einige Eltern haben dies getan. Die Auswertung hat gezeigt, dass die Eltern häufig ähnliche Hoffnungen in den Schulbesuch ihrer Kinder setzen wie die Schüler selbst. Viele wünschen sich ein Studium für ihre Kinder – haben aber teilweise auch Schwierigkeiten, das deutsche Schulsystem genau zu verstehen. Einige wünschen sich ein breiteres Spektrum an fachlichen Inhalten in der Willkommensklasse – also, dass dort etwa auch Biologie- oder Chemieunterricht erteilt wird. Vielen ist aber auch bewusst, dass der Fokus der Sprachlernklassen eben auf dem Erwerb der deutschen Sprache liegt, dass man dies teilweise, aber nicht durchgängig mit unterschiedlichen fachspezifischen Inhalten verknüpfen kann. Es hat sich außerdem gezeigt, dass die Eltern meist schwer einschätzen können, wie gut jemand schon die deutsche Sprache beherrschen muss, um an einem Fachunterricht, wie etwa Politik oder Biologie, aktiv teilzunehmen. Die Anregungen aus dieser Befragung konnten wir gewinnbringend in die Inhalte unseres darauffolgenden Elternabends integrieren und so den Effekt erzielen, dass auch die Eltern sich ernst genommen und eingebunden fühlten.

Mögliche Fragen für das Feedbackgespräch

- Was sind die größten Unterschiede zwischen der deutschen Schule und der Schule in deinem Heimatland?

- Was hat dir an den ersten Tagen in der deutschen Schule besonders geholfen?

- Was fällt dir im Schulalltag besonders schwer? Was sind deine größten Probleme?

- Welche Tipps würdest du deutschen Lehrkräften geben, die zum ersten Mal in einer Willkommensklasse unterrichten?

- Welche Tipps würdest du Lehrern geben, die zum ersten Mal eine Regelklasse unterrichten, in der auch Sprachlernschüler sind?

Guten Tag!
ich lerne Deutsch
du lernst -
er, sie, es lernt -
wir lernen

2

Verweilen

Besonderheiten des Schulalltags

Die Schüler der Willkommensklasse kommen aus unterschiedlichen Schulsystemen. In vielen der Herkunftsländer unterscheidet sich das Verhältnis zwischen Lehrern und Schülern stark von unseren Vorstellungen einer Lehrer-Schüler-Beziehung. Auch die Gestaltung des Schulalltags ist häufig anders. Zudem herrscht in vielen Ländern keine Schulpflicht. Unterschiede dieser Art erfordern, dass man den Schülern zeitnah erläutert, was es bedeutet, in Deutschland zur Schule zu gehen. Es gibt viele kleine Stolpersteine, die Sie gemeinsam mit den Schülern beseitigen können. Es lohnt sich, eine Liste dieser Dinge zu erstellen und sie mit den Schülern abzuarbeiten. Tipps für die Beseitigung dieser Stolpersteine in Verbindung mit dem Schaffen einer sinnvollen Lernsituation finden Sie hier:

Erste Schritte in der neuen Schule

- das Schulgebäude kennenlernen, v. a. Toiletten, Lehrerzimmer, Sekretariat, Pausenhof: Wortschatzarbeit zum Wortfeld „Schule" mit (anschließendem) Vokabelrundgang in der Schule
- Vokabeln können auch im Schulgebäude verteilt bzw. aufgeklebt werden und von den Schülern mit dem AnyBook-Reader oder ähnlichen Geräten (sofern vorhanden) erlesen werden; dieses ermöglicht u. a. Differenzierung
- den Hausmeister, das Sekretariat, die Schulleitung und weitere wichtige Personen (wie z. B. Schulassistenten, Vertrauenslehrer, Schulpsychologen …) kennenlernen
- den eigenen Stundenplan lesen lernen: Wortschatzarbeit zu Unterrichtsfächern, Tagen und Zeiten
- den Vertretungsplan lesen lernen: bei Bedarf und Möglichkeit die Vertretungsplan-App installieren
- die Schul- und Klassenregeln in einfacher Sprache oder mithilfe von Bildern durchgehen: hier auch unbedingt die Handyregelung besprechen
- Entschuldigungsvorlagen kopieren, erläutern und mitgeben
- die Bücherausgabe organisieren
- sich vorstellen können: Name, Herkunft, Sprachen, Hobbys usw.: am besten einen ersten Steckbrief erstellen lassen
- das Schuljahr besprechen: Wortschatzarbeit zu Jahr, Jahreszeiten, Feiertagen, Festen

Aber auch kulturelle Stolpersteine sind wichtig, zu betonen. Es ist für einige Kinder und Jugendliche nicht selbstverständlich, dass es weibliche Lehrende gibt, dass Jungen neben Mädchen sitzen und dass alle Schülerinnen der Schule, auch wenn sie „offen" gekleidet sind, respektiert werden wollen. Gleichberechtigung der Geschlechter ist ein wichtiges Thema.

 ### Wussten Sie schon, …?

Für uns ist eine schulische Gleichberechtigung von Jungen und Mädchen normal. Aber noch in den 1950er-Jahren durften die Jungen in der Schule am Fenster sitzen, weil sie dort bessere Lichtverhältnisse hatten und mehr lernen sollten als die Mädchen. Auch die Schulbuchinhalte unterschieden sich. Mädchen lernten beispielsweise Mathematik an Übungen des alltäglichen Haushalts: „Wie muss das Licht einfallen, damit die Arbeitsplatte in der Küche derart gut beleuchtet ist, dass das Kochen besser gelingt?"

Alle Sprachen sind zugelassen

In unserer Willkommensklasse sollen die Kinder und Jugendlichen ankommen. Sie lernen hier insbesondere eine neue Sprache. Manche Schüler sprechen wenig Deutsch, andere sprechen die Sprache noch gar nicht. Das ist eine besondere Herausforderung. Wir sprechen mit Händen und Füßen und auch mit Bildern bzw. Fotos, wie z. B. bei den Regeln (vgl. S. 89/90). Mitschüler dolmetschen; auch die englische Sprache wird benutzt, denn mehrere Schüler beherrschen sie anfangs besser als die deutsche. Die sprachliche Vielfalt ist bereichernd. Die vielfältige Kommunikation fördert nicht nur sprachliche Fähigkeiten und Sensibilität, sondern auch Achtung auf- und füreinander.

Sprache lernen Kinder und Jugendliche am besten in Alltagssituationen, denn hier ist Sprache bedeutsam. Die ersten Schritte in die neue Schule sind deshalb auch sprachlich wichtig. Beachten Sie stets: Es gibt viele Möglichkeiten, die Wortschatzarbeit mit alltäglichen Herausforderungen zu verknüpfen. Grundlegende Vokabeln und Phrasen, um sich in der Schule zu orientieren, Hilfe anzufordern oder einfach neue Kontakte zu knüpfen, sollten früh mit den Schülern gelernt und angewendet werden. Alle Sprachen zuzulassen, ist viel mehr als ein Aspekt der Wertschätzung: Es ist ein Lernen von- und miteinander.

Neben den Alltagssituationen sind Vokabeln für persönlich Bedeutsames ein weiterer Motor für das Sprachenlernen. Planen Sie also immer Phasen ein, in denen Schüler die Möglichkeit haben, ihren individuellen Wortschatz zu erweitern. Wir lassen Schüler Lieblingswörter sammeln, der Artikel darf natürlich nicht fehlen. Ein Heft oder eine Box dienen als Schatzkiste. Das Wort wird zunächst in ihrer Sprache notiert, dann in der deutschen Sprache; häufig schreiben wir es für sie. Nicht alle Schüler sind alphabetisiert. Für jene verwenden wir statt der Ausgangssprache Bilder ihrer Lieblingsbegriffe, deren Übersetzung dann auf Deutsch notiert wird. Spannend ist es, zu beobachten, welche Wörter sie lernen wollen. Zahraa beispielsweise wählte als erstes Lieblingswort einen Begriff aus der Küche: „Spüle".

Um die Wörter wertzuschätzen, arbeiten wir damit. Wir erstellen gemeinsam ein Pärchen-Spiel nach den Regeln des Memory – allerdings mit drei Karten, zu dem jeder ein oder mehrere Paare beisteuert. Auf der einen Karte wird das Ausgangswort notiert, auf einer das Bild (für den Fall, dass der Schüler nicht alphabetisiert ist), auf der anderen das deutsche Wort. Ein kleiner Punkt oder ein Symbol verdeutlicht für Nichtsprachkundige die Zusammengehörigkeit des 3er-Paares – für uns und für manche Schüler – denn woher weiß man sonst, dass „ağaç" auf Türkisch „Baum" heißt? Wenn Schüler in einer Kleingruppe dieses Spiel spielen, zeigt sich, dass persönlich Bedeutsames wichtig ist: Jeder findet seine Paare meist am einfachsten.

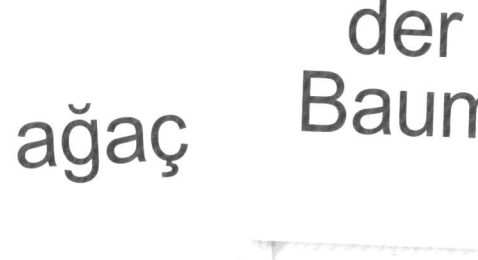

Baum: © Stu – Fotolia.com

Das „klassische" Pärchen-Spiel nach den Regeln des Memory mit Schrift (vgl. Dehn/Oomen-Welke/Osburg 2012) darf natürlich auch nicht fehlen. Auf einer Karte findet sich ein Bild, auf der anderen das geschriebene Wort – natürlich in Deutsch. Im Gegensatz zu dem eben Dargestellten entfällt die Herkunftssprache. Welches Spiel wir benutzen, ist abhängig von den Lernern.

Alltagsbegriffe und Alltagshandlungen werden sprachlich in der Klasse durch Fotos dokumentiert: Auf dem Stuhl findet sich der Aufkleber „der Stuhl", auf der Tafel steht „die Tafel". Wir nehmen als Schrift Arial oder Times New Roman – Handschriften (welche auch immer) eignen sich erst später.

Das System der Alltagsbegriffe unterstützen wir durch Materialien. Hierzu gibt es auf dem Markt reichlich Auswahl. In dem Material „Deutschlernen mit Bildern – in der Schule" (vgl. Verlag an der Ruhr 2016) finden sich neben vielen Bildern (mit Übersetzungen in verschiedenen Sprachen) auch zahlreiche Spielideen bzw. Übungen.

Konkrete Nomen darzustellen, ist häufig kein Problem. Verben sind oft schwieriger. Hier sollten Sie bei der Auswahl von Zeichnungen oder Bildern auf eindeutige Darstellungsformen achten, so wird der Fokus auf die Handlung und nicht auf Nebensächlichkeiten gelenkt.

Kooperationen mit Eltern

Die Erziehungsberechtigten sollten in der ersten Phase an der neuen Schule zeitnah mit eingebunden werden. So gilt es z. B., mögliche Ziele des Schulbesuchs früh mit den Eltern und Schülern zu besprechen. Auch wenn ein Schulabschluss oder eine Berufsausbildung manchmal noch in weiter Ferne liegen mag, schaffen Sie so einen weiteren sinnvollen Anreiz, die deutsche Sprache zügig zu lernen. Oftmals ist weder den Eltern noch den Schülern bewusst, welche vielfältigen und kostenlosen Ausbildungsmöglichkeiten das deutsche Bildungssystem bietet. Hierzu können Sie z. B. jemanden von der Agentur für Arbeit einladen. Auch diese Behörde hat für den Bereich „Geflüchtete" meist mehrere Mitarbeiter abgestellt, die bestimmt bereit sind, beim nächsten Elternabend zum Thema Ausbildungsmöglichkeiten einen Vortrag für Eltern zu gestalten. Dies ist auch deshalb wichtig, da aus unserer Erfahrung viele Eltern nur das Gymnasium als adäquate Bildungsstätte für ihre Kinder ansehen. Realistisch betrachtet, sollten die Schüler nicht deutscher Herkunftssprache, die bei ihrer Ankunft in Deutschland bereits in höheren Klassenstufen sind, aber zunächst einen Hauptschulabschluss anstreben und mit der Sicherheit, die ein solcher, erster Schulabschluss bietet, über den weiteren Bildungsweg nachdenken.

Besprechen Sie dies mit den Eltern und zeigen Sie ihnen einen realistischen Bildungsweg für ihre Kinder auf. Betonen Sie dabei unbedingt, dass auch nach dem Hauptschulabschluss noch alle Bildungswege offenstehen (vgl. dazu auch S. 91–94).

Ein wichtiger Aspekt im Umgang mit Eltern ist außerdem eine gewisse kulturelle Sensibilität, denn oftmals lässt sich auffälliges Verhalten durch die Unterschiede zum Herkunftsland erklären und bedarf eines Gesprächs mit dem Schüler oder auch den Erziehungsberechtigten. Fehlen Schüler z. B. häufig und ohne Entschuldigung – sprechen Sie sie darauf an und suchen Sie unbedingt das Gespräch mit den Eltern.

Es ist wichtig, Schülern und Eltern deutlich zu machen, dass Schüler in Deutschland von Lehrkräften nicht geschlagen werden. Es kann in manchen Gesprächen sinnvoll sein, zu bemerken, dass die körperliche Züchtigung nicht nur verboten und damit auch strafbar ist, sondern dass Sie persönlich dies als Erziehungsmittel auch nicht als sinnvoll erachten.

Wussten Sie schon, …?

- … dass bis in die 1960er-Jahre hinein Schlagen auch in deutschen Schulen noch ein Erziehungsmittel war?

- … dass sich laut einer Umfrage der Zeitung „Le Figaro" noch im Jahre 2015 70 Prozent der Franzosen gegen ein Verbot der „körperlichen Züchtigung zu Erziehungszwecken" ausgesprochen haben?

- … dass von 47 Mitgliedsländern im Europarat bisher erst 27 Länder körperliche Züchtigungen verboten haben? Vorreiter war Schweden. Das skandinavische Land untersagte Eltern bereits 1979, ihre Kinder zu schlagen. Auch in Deutschland und Österreich gibt es schon lange ein solches Gesetz.

Lernen sichtbar machen – auch in Willkommensklassen

Was macht guten Unterricht aus? ist die Kernfrage der aktuellen Studie des neuseeländischen Pädagogen John Hattie, Professor für Erziehungswissenschaften an der Universität in Melbourne. Im Jahre 2008 hat er die Studie „Visible Learning" veröffentlicht, 2012 erschien „Visible Learning for Teachers". Im Jahr 2013 wurde die Studie „Visible Learning" von Wolfgang Beywl und Klaus Zierer ins Deutsche übersetzt („Lernen sichtbar machen") und 2014 übersetzten sie auch das Werk „Visible Learning for Teachers" („Lernen sichtbar machen für Lehrpersonen"), die beide inzwischen in erweiterten und überarbeiteten Auflagen vorliegen. Im Jahre 2016 entstand schließlich das Werk „Kenne deinen Einfluss!", in dem die Autoren John Hattie und Klaus Zierer das *Visible Learning* für die Unterrichtspraxis nutzbar machen. Auch dieses Werk liegt bereits in einer weiteren Auflage vor.

An der Studie von John Hattie waren mehr als 250 Millionen Lernende in über 60 000 (Einzelfall-)Studien beteiligt, über 800 Metaanalysen und über 160 000 Effekte wurden zudem ausgewertet. Hattie geht davon aus, dass jeder Lehrende großen Einfluss auf die Schüler und deren Lernen hat. *„Kenne deinen Einfluss!"* (Hattie/Zierer 2017) ist deshalb eine zentrale Forderung und mithilfe seines Werkes will er Lehrende auf ihren Einfluss – nicht als Programm, sondern als Orientierungsmarke – aufmerksam machen.

Lernende, Elternhaus, Schule, Lehrperson, Curricula und Unterrichten sind sechs Domänen, die er untersucht. Hattie zeigt, dass Fachwissen zwar hilfreich ist, jedoch nicht das Hauptmerkmal eines guten Unterrichts ist.

Die unangefochtenen Spitzenplätze sind:

1. Selbsteinschätzung des eigenen Leistungsniveaus
2. Kognitive Entwicklungsstufe nach Piaget
3. Formative Evaluation des Unterrichts
4. Micro teaching
5. Klasse überspringen
6. Beeinflussung von Verhalten in der Klasse
7. Kompetente Interventionen für das Lernen von „inklusiv" beschulten Schülern
8. Klarheit der Lehrperson
9. Reziprokes Lehren
10. Feedback
11. Lehrer-Schüler-Beziehung
12. Rhythmisiertes und geballtes Unterrichten
13. Metakognitive Strategien
14. Vorausgehendes Leistungsniveau
15. Vokabel- und Wortschatzförderung
16. Wiederholendes Lesen
17. Kreativitätsförderung
18. Lautes Denken
19. Lehrerfortbildung
20. Problemlösen

Vgl.: z.B. https://visible-learning.org/de/ hattie-rangliste-einflussgroessen-effekte-lernerfolg/ [07.03.2017]

Hattie hat sichtbar gemacht, was Lehrende immer schon tun – sie tun es mit unterschiedlicher Schwerpunktsetzung und mit unterschiedlichem Erfolg.

Und Expertenlehrpersonen heben sich durch besondere Haltungen hervor. Es sind die Haltungen der Lehrpersonen, die ein wirksames Denken und Handeln zur Folge haben, ihre Leidenschaft und ihre Begeisterung, die für gelingende Bildungsprozesse ausschlaggebend sind.

Für die Willkommensklassen haben wir die Faktoren und unsere Haltungen neu durchdacht. Im Folgenden möchten wir ausgewählte Aspekte herausheben und begründen, warum sie uns in der Willkommensklasse besonders bedeutsam erscheinen.

Von den drei unangefochtenen Spitzenplätzen (s. o.) liegt uns zunächst besonders am Herzen, Schüler zu befähigen, das **eigene Leistungsniveau einzuschätzen** (Platz 1).

Stellen Sie sich vor, Sie sind neu in einem Land, einer Kultur, und sollen Ihr Verhalten, Ihr Lernen bewerten. Um das zu schaffen, müssen Sie wissen, was von Ihnen erwartet wird. Ein schulisches Verhalten, das bewertet wird, ist nichts, was der Schüler tut, sondern was der Lehrer beobachtet und interpretiert. Wie schwer ist dies in einer anderen Sprache und in einer anderen Kultur? Schüler, die erst in Klasse 5 oder später Teil des deutschen Schulsystems werden, müssen zunächst lernen, was von ihnen erwartet wird. Wir geben den Lernenden deshalb ständig viele Rückmeldungen, ohne zu tadeln oder zu beschämen. Wir vermeiden aber auch überschwängliches, personengebundenes oder pauschales Lob, sondern schätzen ihre Aktivitäten und sie als Person wert und verbinden es mit der Sache. Wir signalisieren, dass wir vertrauensvoll und wohlwollend beobachten, was sie lernen: „Atif, du hast alle Artikel richtig verwendet.", „Zahraa, du hast drei Sätze auf Deutsch geschrieben. Magst du noch einen vierten dazuschreiben?"

Die Rückmeldungen beziehen sich dabei vornehmlich auf die kognitiven Fähigkeiten in Abhängigkeit von den erwarteten Anforderungen. Wir verstärken das Positive und heben durch das individuelle Lob die Vergleichbarkeit der Kinder untereinander auf. Hattie und Zierer sprechen hier von der Haltung *Rede über Lernen, nicht über Lehren!* (Hattie/Zierer 2017:25).

Bereits von Anfang an ist es möglich, **kognitive Entwicklungsstufen** (Platz 2) zu beobachten. Der Schweizer Epistemologe, Biologe und Entwicklungspsychologe Jean Piaget hat seine Erkenntnisse weitgehend durch nonverbale Beobachtungen gewonnen. Kinder und Jugendliche aber fragen zu können, wie sie auf Lösungen gekommen sind, erleichtert die Analyse. Das ist uns bei neu zugewanderten Kindern und Jugendlichen zu Beginn nur bedingt möglich, aber besonders wichtig, um Lernvorgänge zu verstehen. Es erstaunt uns immer wieder, welche Denkmuster Lernende anwenden. Das **laute Denken** (Platz 18) ermöglicht uns dabei, Rückschlüsse auf das Lernen zu ziehen.

Die kognitiven Entwicklungsstufen zu berücksichtigen, bedeutet, Lernenden das anzubieten, was sie als Nächstes lernen sollten und könnten. Es bedeutet auch, sie herauszufordern (vgl. Hattie/Zierer 2017:25). In Willkommensklassen ist das aufgrund der sprachlichen Barrieren auch für uns eine der größten Herausforderungen!

Das **Verhalten in der Klasse zu beeinflussen** (Platz 6), hat laut Hattie einen direkten Einfluss auf das Lernen. Wir achten sehr stark auf gemeinsames Lernen, auf gegenseitiges Helfen, auf einen wertschätzenden Umgang untereinander. Die Schüler in der jahrgangsübergreifenden Klassengemeinschaft helfen sich gegenseitig – ein Lernsog entsteht. *Entwickle positive Beziehungen!*, so formulieren Hattie/Zierer (2017:25) diese Haltung.

Bei dem Item **Klarheit der Lehrperson** (Platz 8) geht es nicht darum, Grenzen zu setzen; es geht aber darum, die eigenen Grenzen zu kennen, zu wissen, was ich als Lehrkraft akzeptiere und welche Lehrziele ich habe, und auch um den Versuch, zu verstehen, warum Schüler sich vielleicht anders verhalten. **Feedback** (Platz 10) zu geben und einzufordern, ist hilfreich für die Selbstreflexion und auch das hat einen bedeutsamen Einfluss auf das Lernen. *Erachte Schülerleistungen als eine Rückmeldung für dich und über dich!*, so formulieren es Hattie und Zierer (2017:25). Diese Klarheit gilt es, nicht nur Schülern gegenüber zu vertreten, sondern auch Eltern – aber immer wertschätzend und achtsam gegenüber anderen Kulturen.

Die **Vokabel- und Wortschatzförderung**, dicht gefolgt von dem **wiederholenden Lesen** (Platz 15 und 16), sind in der Hattie-Studie unter den Top 20 – in Willkommensklassen stehen sie (bzw. die Leseförderung) noch weiter oben. Wer versteht, kann handeln, kann dem Unterricht folgen, kann vieles „richtig" machen, kann effektiver lernen. Wer nicht versteht, wird abgehängt. Er kann zwar das Verhalten anderer imitieren, aber nur schwer verstehen. Schulische Sprache ist aber mehr, als Alltagshandlungen zu verstehen. Den Vokabel- und Wortschatzförderungen oder Redewendungen in Texten kommt im Kontext der Bildungssprache eine ganz zentrale Bedeutung zu, denn jene Sprache lernen die Kinder und Jugendlichen nur bedingt auf dem Schulhof oder im häuslichen Bereich.

Informiere dich über die Sprache der Bildung!, so formulieren Hattie/Zierer (2017:25) jene Haltung, die Expertenlehrer haben und an Schüler weitergeben. Die Leseförderung ist insofern zentral, als dass Lesen- (und Schreiben-)Können ein Schlüssel zum Lernen ist. Schrift ist neben der gesprochenen Sprache ein weiteres Repräsentationssystem. Im Gegensatz zur flüchtigen gesprochenen Sprache ist die geschriebene dauerhaft und kann betrachtet und analysiert werden. Wer in unserer Kultur nicht Lesen und Schreiben kann, ist stark be-

nachteilig. Auf der Lesefähigkeit baut zudem fast der komplette Regelunterricht auf. Wer nicht lesen kann, dem bleiben viele Inhalte verschlossen.
In unserer Klasse finden Sie deshalb viel Schrift: Begriffe werden ver- und Gegenstände beschriftet – natürlich immer mit Artikeln –, Regeln werden schriftlich ausformuliert etc. Symbole – sozusagen als Lernhilfe – oder Fotos nehmen neben der Schrift einen zentralen Platz im Unterricht ein. Gerade für neu zugewanderte Kinder und Jugendliche, die keine oder wenig Erfahrungen im Lesen des lateinischen Schriftsystems haben, bietet Schrift durch die Gegenständlichkeit eine enorme Lernunterstützung.

Lehrerfort- und Weiterbildung (Platz 20), das werden Sie alle wissen, ist ein wesentlicher Baustein – gerade für den Unterricht in der Willkommensklasse. Von uns werden Kompetenzen verlangt, die im Regelunterricht nicht oder nur marginal von Bedeutung sind und in der Ausbildung oft gar nicht thematisiert wurden. Das Wissen über sprachsensiblen Unterricht sollte bei allen Lehrenden vorhanden sein, aber in den Willkommensklassen erhält es eine besondere Bedeutung. Fortbildungen zu Deutsch als Fremdsprache sind damit die zentralsten, die besucht werden sollten. Eine (kleine) DaZ-Lehrerbibliothek ist für das gesamte Kollegium hilfreich. Sprachsensibler Unterricht ist mehr als das Wissen, wie die deutsche Sprache gelernt werden kann; es ist zugleich auch ein Wissen um Kulturen. Wenn die Schüler in die Regelklassen gewechselt sind und eine Karikatur über die NS-Zeit analysieren sollen, dann haben sie einen anderen Bezug zu dem Thema als ihn einige deutsche Schüler haben werden. Die Traumataforschung ist ein weiteres zentrales Gebiet; nicht zu vergessen sind Fortbildungen zum allgegenwärtigen Thema der Inklusion. Weiterbildungen zu Formen der Differenzierung – im Studium gelernt, in der Zeit als Lehrer angewandt – bekommen in jenen neuen Klassenkontexten ein anderes Gewicht. Welche Formen und Methoden eignen sich, welche stellen Stolpersteine dar? Unsere Teamarbeit und der Austausch mit fachkompetenten Kollegen sind zwar i. e. S. weder Fortbildung noch Supervision, aber ein hilfreicher Baustein für unsere Weiterbildung. Manchmal geht es einfach nur darum, eine weitere Perspektive einzuholen. Und manchmal sind wir von Situationen derart betroffen, dass wir selbst keinen Abstand gewinnen können und uns reinziehen lassen in menschliche Schicksale.

Wie können die von Hattie analysierten Faktoren nun Unterricht beeinflussen, wie bringt man alles (in Willkommensklassen) zusammen?
Hattie betont, dass es darauf ankommt, „dass die Lehrpersonen über eine Geisteshaltung verfügen, die sie veranlasst, ihre Wirkung auf das Lernen zu evaluieren" (Hattie 2016:17, vgl. auch Zimpel 2014). Lehrende sollten also das Lernen aus den Augen der Schüler sehen und beobachten, wie der Lernende sich als Lehrender (und auch uns Lehrende) sieht. Anders formuliert, beruht

gelungener Unterricht auf einem gelungenen Perspektivwechsel: durch die Augen der Schüler. Und das gelingt uns am besten, wenn wir versuchen, viel über die Lernenden und über ihr Lernen zu erfahren (vgl. z. B. S. 33–35). Die emotionale Seite, den Schülern Achtung, Respekt und Vertrauen entgegenzubringen, ist natürlich genauso wichtig, denn der Funke für Lernen kann besonders dann überspringen, wenn wir ihn versprühen.

Achtung, Lob!

Lob und Ermutigung sind zwei verschiedene Aspekte. Ein Lob bezieht sich, im Unterschied zur Ermutigung, auf ein Ergebnis und enthält eine Bewertung. Ein Lob verdient man sich, eine Ermutigung wird geschenkt (vgl. Grohé 2011:123). Vereinfacht gesagt, ist Ermutigung ein Ansporn, weiterzumachen. Lob hingegen ist eine Rückmeldung auf ein Endprodukt – manchmal auch unreflektiert und pauschal. Denken Sie beim Verteilen von Lob daran, dass es immer etwas Hierarchisches hat und ein asymmetrisches abhängiges Verhältnis schafft – die Lust am Lernen bei ausbleibendem Lob kann genommen werden. „Du hast deinen Tisch gut aufgeräumt!" ist eine Rückmeldung, bei der der Sprecher beurteilt, was gut gelungen ist; er hat die Macht, dies zu tun. Es ist Ihr Wert, dem Sie einer Aktion beimessen und auch Sie sind der „Richter", der den Erfolg bestätigen oder eben verwehren kann. Wie würden Sie es finden, wenn Ihr Partner Ihnen Rückmeldung gibt: Du hast das Bad aber heute gut geputzt. Als Lob?
Neben der Abhängigkeit kann Lob auch Misstrauen hervorrufen, insbesondere bei jenen, die Lob nicht gewöhnt sind. Argwöhnisch prüfen sie, ob es eine Verhöhnung ist.

Zur Gestaltung des Unterrichts

Der Unterricht in einer Willkommensklasse unterscheidet sich erheblich von dem in einer Regelklasse. Man ist als Lehrkraft stets gefordert, neue Pfade zu betreten. Dies fängt bei der Planung des Unterrichts an, geht über die Durchführung und endet in der ständigen Reflexion im Team.

Der Rahmen einer typischen Stunde

Jede Stunde in der Willkommensklasse ist anders. Trotzdem gibt es bestimmte Charakteristika, die die Arbeit in dieser Klasse ausmachen. In einer Willkommensklasse ist die größte Herausforderung die Heterogenität der Schüler. Es lernen Schüler unterschiedlichen Alters, unterschiedlicher Lernstände und mit unterschiedlichen Bildungshintergründen zusammen. Einerseits bedeutet dies, dass eine ausreichende Binnendifferenzierung erfolgen muss. Andererseits ist der Unterricht klassenintern so zu organisieren, dass es eine Progression gibt und es nicht andauernd zu Wiederholungen kommt. Es hat sich deshalb bewährt, Stundenanfang und -ende gemeinsam zu gestalten und im Hauptteil der Stunde in Kleingruppen zu arbeiten. So entsteht meist ein angenehmes Arbeitsklima, in dem jeder Schüler auf seinem Niveau Erfolgserlebnisse verzeichnen kann.

Wir arbeiten viel mit Bildern, Fotos, Piktogrammen und auch mit Schrift – und natürlich immer mit der gesprochenen Sprache, zu Beginn auch viel durch Gestik unterstützt.

Da viele der Schüler ein routiniertes Arbeiten in der Schule noch lernen müssen, ist es hilfreich, wenn Sie bestimmte Routinen in den Stundenablauf einbauen. Hier einige Beispiele:

- **Wir sitzen alle um einen großen Tisch und achten darauf, wer fehlt. „Weiß jemand, wo er/sie ist/warum er/sie fehlt?" sind Fragen, die aus Achtsamkeit gestellt werden.**
- **Gibt es etwas zu besprechen/zu klären? Das sind Fragen, die Schüler beschäftigen und die zunächst geklärt werden müssen, damit Lernen stattfinden kann.**
- **Unsere Karten (S. 54/55) „Wie geht es dir heute?" sind sprachliche Einstiege, mit denen Stimmungen aufgefangen werden.**
- **In (Still-)Arbeitsphasen können Schüler zu uns Lehrkräften kommen und Sorgen vortragen, die sie nicht mit anderen teilen möchten.**

Die Routinen bieten eine gewisse Sicherheit für die Schüler, die ja ohnehin schon mit viel Neuem konfrontiert sind, und sie schaffen ihnen Raum, um ihr Anliegen zu äußern.

Im Folgenden möchten wir zunächst den Rahmen einer typischen Stunde für Sie skizzieren, vielleicht gibt Ihnen dies einige Anhaltspunkte, wie Sie selbst die Abläufe im Unterricht einer Willkommensklasse gestalten könnten. Wir möchten an dieser Stelle auch zeigen, mit welchen Besonderheiten im Unterricht der Willkommensklasse zu rechnen ist und was vielleicht auch den besonderen Charme der Arbeit in diesen Klassen ausmacht.

Es kommt sehr häufig vor, dass die Stunde beginnt und einige Schüler der Klasse den Weg in den Klassenraum noch nicht gefunden haben. Das mag einerseits damit zusammenhängen, dass es an unserer Schule keine Pausenglocke gibt und es einigen Schülern noch schwerfällt, die Unterrichtszeiten ständig im Blick zu haben. Andererseits wird Pünktlichkeit von vielen Schülern auch noch als eine überbewertete Tugend betrachtet (dies fällt übrigens auch bei Elternabenden auf). Es ist wichtig – auch im Hinblick darauf, dass die Schüler in absehbarer Zeit eine Regelklasse besuchen werden –, stetig darauf hinzuweisen, dass man pünktlich zum Unterricht zu erscheinen hat. An dieser Stelle lassen sich auch gut Entschuldigungsfloskeln einüben. Beachten Sie aber: Natürlich ist Pünktlichkeit auch für uns Lehrende wichtig. Nicht immer aber schaffen wir es, weil Eltern uns aufsuchen oder unerwartete Ereignisse Vorrang haben. Kommunizieren Sie offen mit den Schülern und machen Sie ihnen deutlich, warum Sie heute zu spät sind.

Wussten Sie schon, ...?

- Blickkontakt halten und Pünktlichkeit sind kulturelle Werte, die erst bewusst gemacht werden müssen. In manchen Ländern ist Blickkontakt ein Zeichen von Hierarchie und/oder geschlechterspezifisch. „Untergebene" dürfen „höher Stehenden" nicht in die Augen schauen, Frauen nicht „fremden" Männern.

- Pünktlichkeit ist vielleicht eine deutsche Tugend, aber keine europäische. In Spanien z. B. sind Uhrzeiten für Essenseinladungen Orientierungspunkte. Wer bei Einladungen eine halbe Stunde oder mehr zu spät kommt, ist durchaus pünktlich. Und auch in Deutschland gilt: Ein guter Gast kommt immer etwas zu spät.

- In einigen Gegenden (z. B. in der Türkei) gilt das Schnalzen mit der Zunge als Verneinung.

- In China gelten unsere Höflichkeitsfloskeln „danke" und „bitte" als ein Zeichen der Distanz.

Wenn alle Schüler sitzen, begrüßen wir uns. Das Einüben von Ritualen schafft Sicherheit. Wir notieren das Datum, den Wochentag und weisen ggf. auf besondere Ereignisse (wie Feiertage, Zeugnisausgabe, Ferien …) hin, die zeitnah liegen.

Im Anschluss stellen wir die Anwesenheit fest. Dieses wertschätzende Ritual signalisiert den Schülern, dass sie wahrgenommen werden: „Es ist uns wichtig, dass du da bist. Wir achten auf dich."

Da wir mit dem teilintegrativen Modell der Sprachförderung arbeiten, bedeutet dies, dass man sehr genau schauen sollte, wer gerade wo sein soll. Viele Schüler vermeiden es anfangs, in den Unterricht ihrer Regelklasse zu gehen und setzen sich stattdessen lieber in die Willkommensklasse. Wir machen in diesem Punkt keine Ausnahmen. Es wird sehr gewissenhaft darauf geachtet, dass die Schüler den Unterricht besuchen, der in ihrem Stundenplan vermerkt ist. Nach einiger Zeit legt sich dieses Problem dann auch meist und die Überwindung, in die Regelklasse zu gehen, wird immer niederschwelliger.

Nach Feststellung der Anwesenheit sind meist schon mindestens zehn Minuten der Unterrichtszeit vergangen. Das ist nicht schlimm! Eine derart heterogene Lerngruppe zu organisieren, kostet Zeit. Sie sollten diese Zeit v. a. anfangs unbedingt investieren. Wenn die Schüler diese Strukturen früh kennenlernen, erleichtert ihnen das den Übergang in die Regelklasse ungemein.

Um in den Hauptteil der Stunde übergehen zu können, wird die sehr heterogene Lerngruppe in möglichst leistungshomogene Gruppen aufgeteilt. Der Begriff „leistungshomogen" bezieht sich dabei aber nicht immer auf den Erwerb der deutschen Sprache – je nach Inhalt beziehen wir ihn auch auf kognitive Fähigkeiten. Die Zusammensetzung der Gruppen überlegen wir uns sehr genau. Was soll gelernt werden? Geht es primär um kognitive oder sprachliche Lernziele? Wie ist die Stimmung der Schüler untereinander? Manche Gruppen sind nach sprachlichen Fähigkeiten zusammengestellt: Wer versteht sich in der Muttersprache? Wer kann anderen – mittels Erstsprache – Aufgaben erklären? Bei der Gruppenzusammenstellung treffen wir zudem eine bewusste Entscheidung, ob Geschwisterkinder in einer Gruppe sein sollen. Beides hat Vor- und Nachteile. Wenn sie am gleichen Inhalt arbeiten, verbindet dies – auch über die Schule hinaus können sie über die Inhalte reden. Sie messen sich ggf. aber auch untereinander und es kann familiäre Konkurrenz entstehen.

Sie werden schnell merken, wie die Gruppen zusammengestellt werden können – und das Ausprobieren unterschiedlicher Kombinationen macht Sinn und Sie lernen viel über die Lernenden.

Meist ist dies auch der Punkt, an dem der erste Schüler fragt, ob er auf die Toilette dürfe. Auch wenn das manchmal anstrengend ist, verwehren Sie den Schülern diese Bitte nicht. Wir wissen häufig nicht, was die Schüler in ihrem

Leben bisher erlebt haben. Waren sie jemals in einer Situation, in der sie nicht auf die Toilette durften oder konnten? Wenn es um existenzielle Dinge, wie den Toilettengang oder auch Essen und Trinken, geht, sollten Sie zunächst nachsichtig sein. Weisen Sie dennoch immer darauf hin, dass dafür eigentlich die Pausen zur Verfügung stehen. Sie werden sicher schnell merken, falls jemand Ihre Nachsicht in dieser Angelegenheit ausnutzen sollte. In unserer Klasse ist dies bisher nur selten vorgekommen.

 Wussten Sie schon, …?

dass Untersuchungen Zusammenhänge zwischen „Überforderung" (wie Nichtverstehen von Aufgabenstellungen) und häufigen Toilettengängen oder Bleistiftanspitzen zeigen konnten? Auch weitere Ausweichstrategien konnten beobachtet werden: zeitintensives Suchen in der Schultasche oder die Suche nach der richtigen Seite im Schulbuch – ach, und das Taschentuch fehlt auch noch.

Die meisten Schüler der Willkommensklasse arbeiten sehr motiviert und gewissenhaft und sind stets hilfsbereit – da kann es auch mal dazu kommen, dass jemand ungefragt mit großem Eifer die Tafel wischt, obwohl man mit den gesicherten Ergebnissen eigentlich noch weiterarbeiten wollte. Auch wenn viele Aspekte der Rahmenbedingungen einer typischen Stunde in einer Willkommensklasse durchaus anstrengend sind, macht die doch meist sehr lebhafte Arbeitsatmosphäre, die auch von viel Dankbarkeit überlagert wird, diese Anstrengung wieder wett.

Wie Sie die einzelnen Phasen der Unterrichtsstunde inhaltlich gestalten können, ist natürlich sehr individuell. Wir beginnen mit Spielen zum Stundeneinstieg, arbeiten dann in Kleingruppen, im Plenum oder mit dem Materialordner (vgl. S. 61/62), lockern die Stunde manchmal durch Spiele auf oder beenden sie mit ihnen. Im Folgenden stellen wir Ihnen Spiele aus unserem individuellen Ordner vor, die sich bei uns am besten bewährt haben, und führen Sie in unseren Materialordner ein.

Spiele zur Sprachförderung im Unterricht

In Klassen mit neu zugewanderten Kindern gibt es eine große sprachliche Heterogenität. Spiele im Unterricht dienen häufig zur Kontaktaufnahme, sie sollen eine entspannte Arbeitsatmosphäre schaffen und die Schüler beim Erwerb der deutschen Sprache unterstützen. Durch solche interkulturellen Begegnungen sollen kommunikative Barrieren abgebaut werden und manchmal müssen auch (sozio)kulturelle Barrieren durchbrochen werden.
Spiele sind weitgehend kultur-, alters- und situationsabhängig – zumindest werden Spiele in allen Kulturen praktiziert.
Bereits in früher Kindheit entdecken Kinder spielerisch die Welt, indem sie zunächst zweckfrei die Umwelt aufnehmen und Erfahrungen integrieren.
Die Bedeutung des Spiels ist in vielen Untersuchungen wissenschaftlich belegt (vgl. Zimpel 2016). Nicht nur im Kindesalter sind Spiele bedeutsam, auch Erwachsene spielen und leben sich im Spiel aus – auch wenn sich mit zunehmendem Alter die praktizierenden Spielformen ändern.

Bei den Kindern der Willkommensklasse ist Spielen ebenfalls beliebt. Der Erziehungswissenschaftler Christoph Schiefele hat sich mit der Bedeutung von Alltags- und Spielformaten für die Erweiterung sprachlich-kommunikativer Fähigkeiten bei (neu zugewanderten) Kindern auseinandergesetzt (vgl. z. B. Schiefele 2016). Er knüpft an den amerikanischen Psychologen Jerome Bruner an, der im Spiel Gebrauch und Austausch von Sprache sieht.
Bei Sprachspielen wird zunächst unterschieden in nonverbale und verbale Spiele. Verbale Begegnungen können für neu zugewanderte Kinder und Jugendliche eine Barriere sein, weswegen zunächst nonverbale Spiele angeboten werden sollten oder Spiele, die zwar verbalen Charakter haben, aber bei denen die Agierenden auf nonverbale Verhaltensweisen zurückgreifen können. In Bruners interaktionistischer Spracherwerbstheorie beginnen die ersten Kommunikationen zwischen Bezugsperson und Kind mit gemeinsamen Interaktionen in dialogischen Handlungskontexten.
Spiele mit klaren konventionellen Regeln (z. B. „Mensch ärgere Dich nicht") geben den Rahmen vor, lassen Sprache zu, aber machen Sprache nicht notwendig (vgl. Schiefele 2016). Oft ist aber die Teilnehmerzahl begrenzt.
In unserem Unterricht präferieren wir deshalb altbekannte Kinderspiele, das darstellende Spiel oder weitere Spiele für Gruppen aus Spielekarteien.
Wichtig ist oft, dass Sie die Spiele abwandeln und der Gruppe anpassen.
Es kann Siegermannschaften geben, aber keine Einzelsieger, um Konkurrenzdenken zu vermeiden. Spiele sollten zum Lachen anregen, zum Denken und unterschiedliche sprachliche Niveaus anbieten.
Achten Sie darauf, dass Sie konsequent und von Anfang an Schrift einbeziehen, auch verknüpft mit Piktogrammen oder Bildern. Substantive sollten immer mit

Artikel verwendet werden, wenn es möglich ist, auch mit Pluralformen. Die Schrift ist im Gegensatz zur flüchtigen gesprochenen Sprache dauerhaft, kann betrachtet und analysiert werden. Sie dient als Gedächtnisstütze und Schüler können ihre Sprachschätze ständig bei sich tragen.

Wer die Wörter beherrscht, der wird nicht auf Hilfsmittel, wie Bilder oder Schrift, zurückgreifen, wenn er in Spielen sprachlich handeln soll.

Wichtig ist, dass es keine Vergleichbarkeit gibt (Schüler vergleichen sich sowieso schon untereinander) und dass die Schüler immer auf ihrem Sprachlernweg bestärkt werden. Sie sollten sie auch in Spielen fördern und von ihnen etwas fordern, aber niemals beschämen oder vor der Gruppe bloßstellen. Viel zu oft neigen wir Lehrende dazu, dieses, wenn auch unbeabsichtigt, zu tun. In Spielen ist man davor nicht geschützt, aber in freudvollen und lustigen Situationen können wir es gut vermeiden.

Und noch ein Tipp: Sagen Sie den Schülern nicht, dass wir jetzt „spielen". Merved jedenfalls antwortete: „Nicht Spiel, lernen, nicht Spiel." Wir spielen im Unterricht viel und stellen Ihnen im Folgenden unsere Klassiker vor.

Einen simplen Sprechanlass schaffen: Wie geht's dir? – Kartenabfrage

Material:
Sie brauchen dazu nur eine rote, eine gelbe und eine grüne Pappkarte. Sie können diese natürlich noch mit Smileys o. Ä. gestalten, um die Bedeutung der Karten zu verdeutlichen.

Ablauf:
Die Karten werden reihum weitergegeben. Jeder hält je nach Gemütszustand – grün bedeutet „gut", gelb bedeutet „mittelmäßig" und rot bedeutet „schlecht" – die passende Karte hoch und sagt, wie es ihm heute geht. Anschließend sollten Sie eine Begründung des Gemütszustands erfragen. Diese kann dann auch sehr einfach formuliert sein, sollte aber unbedingt erfolgen. Auch Schüler, die wenig Deutsch sprechen, schaffen es mit Ihrer Hilfe, diese Aufgabe zu meistern.

Varianten und mögliche Differenzierung:
Die Beschreibung des Gemütszustands sollte bei der wiederholten Durch-führung variiert werden, um den Wortschatz der Schüler zu erweitern. So kann man z. B. anstatt „gut" den Begriff „fantastisch" verwenden oder anstatt „schlecht" „miserabel". Seien Sie kreativ!

Alternativ bedienen sich Schüler an in der Mitte liegenden Karten, auf denen Gemütszustände verfasst sind. Das macht neugierig.

Gewinn für die Arbeit in Willkommensklassen:
Jeder Schüler wird beachtet und wertgeschätzt und kann sich verbal äußern. Das grobe Erfassen der Stimmung in der Gruppe wird manchmal Einfluss auf Ihre Arbeit in der Stunde haben. Das Übernehmen von vorherigen Äußerungen ist erlaubt; auch so erweitert sich sprachliche Kompetenz. „Mir geht es gut, weil ich in der Schule bin." Durch das individuelle Nachfragen sind die Schüler aber gezwungen, die Floskel – meist mit Ihrer Hilfe – aufzubrechen.

Beschreibungen üben: Wimmelbilder

Material:
Sie brauchen ein Foto oder ein illustriertes Bild, auf dem viele Menschen zu sehen sind, die unterschiedliche Dinge tun. Das Bild sollte möglichst passend zu dem Wortschatz sein, der in der jeweiligen Stunde behandelt wird.

Ablauf:
Das Bild wird in unterschiedliche Abschnitte eingeteilt und immer zwei bis drei Schüler untersuchen einen Abschnitt, d. h., sie überlegen, welche Vokabeln sie kennen, was die Menschen/Tiere auf diesem Bild tun, und formulieren dazu Sätze. Anschließend wird das Bild gemeinsam besprochen und unbekannte Vokabeln werden an der Tafel bzw. in den Vokabelheften festgehalten.

Varianten und mögliche Differenzierung:
Begriffskarten (ggf. mit Bildern) helfen den Schülern bei der Suche nach Begriffen.

Gewinn für die Arbeit in Willkommensklassen:
Die Schüler können verbal oder auch mit Wortkarten nonverbal agieren. Die schriftlich fixierten Wörter machen sie neugierig, neue kennenzulernen. Das Setting ermöglicht es, viele Wörter oder Sätze einzubringen.

Mir geht es heute …, weil …

Material:
Keines

Ablauf:
Alle Schüler stehen im Kreis. Abwechselnd treten die Schüler einzeln in die Kreismitte, machen eine Bewegung/Geste und sagen, wie es ihnen geht.
Z. B. machen sie eine Schwimmbewegung und sagen: „Mir geht es heute gut, weil ich heute zum Schwimmen gehe."

Varianten und mögliche Differenzierung:

Im Kreis werden Smileys verteilt, auf denen Stimmungen aufgenommen sind. Die Schüler können sich ihnen zuordnen, wenn sie nichts sagen möchten. Alternativ können in der Kreismitte liegende Wörter „erlesen" werden. Sie bestätigen oder dementieren, ob es ihnen heute so geht. Nachfragen sind erlaubt oder eben nicht – je nach Regel des Tages!

Gewinn für die Arbeit in Willkommensklassen:

Eine Geste oder Bewegung lenkt (Hörer und Sprecher) von der Sprache ab und gibt bereits eine Stimmung wieder. Alle Schüler können sich beteiligen. Das Zuordnen zu Smileys hilft, sich bei unguter Gemütslage hinter einem Feld zu „verstecken", d. h. nichts sagen zu müssen und trotzdem seine Gefühle deutlich zu machen.

Ich bin ein Baum

Material:

Keines

Ablauf:

Die Schüler bilden 3er- bis 5er-Gruppen. Einer beginnt, indem er sich ein Lebewesen oder einen Gegenstand ausdenkt, den er in dieser Übung darstellt – auch abstrakte Begriffe sind möglich. Der erste Schüler sagt z. B.: „Ich bin ein Baum". Er stellt sich kerzengerade hin und deutet mit seinen Händen über dem Kopf eine Baumkrone an. Nun ist der nächste Schüler an der Reihe. Er äußert, was oder wen er passend zu der Darstellung des ersten Schülers darstellt. Im Beispiel vielleicht: „Ich bin ein Hund, der gegen den Baum macht." Er stützt Knie und Arme auf, winkelt ein Bein an und hechelt. Der dritte Schüler sagt: „Ich bin der Besitzer und führe den Hund an der Leine."

Varianten und mögliche Differenzierung:

- Man übt das Spiel im großen Kreis zunächst mit allen. Dann beginnt die erste Gruppe. Es macht Sinn, dass Sie in der ersten Gruppe dabei sind, um das Spiel zu erklären.
- Wem nichts einfällt, der kann „Weiter!" sagen. Dann darf er aussetzen. Oder er sagt „Hilfe!", dann darf er einen aus der Gruppe bestimmen, der ihm eine Assoziation anbieten darf.
- Man gibt Figuren vor. Auch Bilder (mit Begriffen) eignen sich, wenn Schüler noch wenig Deutsch verstehen.

Gewinn für die Arbeit in Willkommensklassen:
Die Schüler können Lieblingsbegriffe einbringen oder auch Szenen aus ihrem Heimatland spielen. Sie können Einzelwörter äußern oder komplexe Sätze. Es gibt kein Richtig oder Falsch beim Spiel (in enger Anlehnung an Osburg/ Schütte 2015:63).

Artikulationsübung: Zungenbrecher

Material:
Sie brauchen kleine, laminierte Kärtchen mit Zungenbrechern.

Ablauf: Jeder Schüler bekommt einen Zungenbrecher zum Auswendiglernen. Es ist sinnvoll, diese Zungenbrecher nach Schwierigkeitsgrad zuteilen, damit die Schüler motiviert sind. Zunächst liest jeder seinen Zungenbrecher einmal laut vor, ggf. müssen Wörter erklärt werden. Dann geben Sie den Schülern maximal 15 Minuten Zeit, um ihren Zungenbrecher auswendig zu lernen. Schließlich trägt jeder seinen Zungenbrecher laut und möglichst ohne abzulesen vor. Obwohl im Unterricht grundsätzlich darauf geachtet werden sollte, dass die Schüler verstehen, was sie lesen, thematisieren wir bei dieser Übung den Inhalt nur marginal. Uns geht es um die Aussprache und wir sagen den Schülern, dass es „Zungenbrecher" und „Quatschsätze" sind. Spätestens wenn wir es vormachen und bei zu großem Tempo scheitern, ist das Lachen groß.

Varianten und mögliche Differenzierung:
Die Schüler können Zungenbrecher aus ihrer Sprache einbringen. Deutsche Zungenbrecher können in Silben unterteilt werden.

Gewinn für die Arbeit in Willkommensklassen:
Diese Übung zielt ausschließlich auf die Artikulation (Phonetik) ab, nicht auf die phonologische Ebene der Aussprache. Bei diesem Spiel gibt es keine Gewinner und Verlierer, denn wir lassen auf jeden Fall so lange spielen, bis der Erste sich verspricht – meist auch viel länger.

Beispiele für beliebte Zungenbrecher zum Wortfeld „Tiere":
- Die Katze tritt die Treppe krumm. Der Kater tritt sie grade.
- Fischers Fritze fischt frische Fische. Frische Fische fischt Fischers Fritze.
- Wenn Fliegen hinter Fliegen fliegen, fliegen Fliegen Fliegen nach.
- Esel essen Nesseln nicht. Nesseln essen Esel nicht.
- Der Gockel glotzt die Glucke an. Die Glucke glotzt den Gockel an.
- Auf den sieben Robbenklippen sitzen sieben Robbensippen, die sich in die Rippen stippen, bis sie von den Klippen kippen.
- Zwischen zwei Zwetschgenzweigen sitzen zwei zwitschernde Schwalben.

Verben pantomimisch darstellen

Material:

Sie brauchen Kärtchen mit Verben (als Wort oder Bild).

Ablauf:

Jeder Schüler zieht ein Kärtchen mit einem Verb darauf und muss dieses anschließend, ohne zu sprechen, pantomimisch darstellen. Der Begriff muss den Schülern bekannt sein.

Varianten und mögliche Differenzierung:

Es können Nomen einbezogen werden. Schüler, die sich noch nicht „trauen", können zu zweit einen Begriff spielen.

Ob Sie Wortkarten und/oder Bildkarten (S. 40/41) einsetzen, hängt von der Lerngruppe ab. Bei Bildkarten kann der Darstellende die Aufgabe gut bewältigen, die Ratenden sind jene, die das Wort benennen müssen.

Wer möchte, legt sich im Anschluss mit den Verben oder Nomen ein eigenes Wörterbuch an oder nimmt Wörter in seine Lieblingswörter- oder Lernwörterbox auf.

Gewinn für die Arbeit in Willkommensklassen:

Jeder Spieler kann etwas spielen, unabhängig von seinen Deutschkenntnissen. Alle können raten.

Stadt, Land, Tier

Material:

Sie brauchen Papier oder vorgefertigte Tabellen und Stifte.

Ablauf:

Ein Schüler sagt das Alphabet in Gedanken im Kopf auf, ein anderer sagt „Stopp!". Anschließend werden Vokabeln mit dem entsprechenden Anfangsbuchstaben in die Tabelle eingetragen. Als Kategorien eignen sich: Stadt, Land, Tier, Name, Beruf, Pflanze, Essen und Trinken usw.

Varianten und Differenzierung:

Man kann das Spiel auch mit grammatischen Kategorien spielen: Nomen, Verb, Adjektiv, Präposition usw., es ist auch in Partnerarbeit gut spielbar. Auch kann es Kindern erlaubt sein, Wörter ihrer Sprache einzubringen. Alternativ können Sie im Klassenraum eine Liste aufhängen, in der Sie mit den Kindern Wörter gesammelt haben, z. B. „Pflanze mit E: Erdbeere, Esskastanie, Eisenkraut, Efeu …", gerne mit Fotos!

Gewinn für die Arbeit in Willkommensklassen:
Wenn Sie ohne Wortlisten arbeiten, greifen Schüler auf ihr Wissen zurück
und aktivieren ihren Wortschatz. Wenn Sie mit Wortlisten arbeiten, aktivieren
Schüler nicht nur ihren Wortschatz, sondern erweitern ihn.

Liedtexte vervollständigen

Material:
Sie brauchen den Text eines deutschsprachigen Liedes mit Lücken.

Ablauf:
Verteilen Sie den Liedtext und spielen Sie das Lied einmal ab, sodass die
Schüler einen ersten Eindruck gewinnen. Spielen Sie das Lied anschließend
mit Unterbrechungen erneut ab. Dies können Sie auch noch wiederholen.
Die Schüler sollen in dieser Zeit die Lücken füllen. Anschließend gehen Sie den
Text mit den Schülern durch, lassen ihn eventuell auch vorsingen. Auch wenn
Sie selbst vielleicht nicht singen können, vielen Schülern bereitet dies Freude.

Varianten und Differenzierung:
Je nach den Fähigkeiten der Lernenden können Sie den Grad der Vorstruktu-
rierung anpassen. Wenn Sie z. B. mit sehr fortgeschrittenen Schülern arbeiten,
können Sie den Lernenden auch den Arbeitsauftrag geben, zunächst einmal
alles aufzuschreiben, was sie verstehen, und dann schrittweise mit ihnen den
Liedtext erarbeiten.

Gewinn für die Arbeit in Willkommensklassen:
Diese Übung schult das Hörverstehen auf spielerische und lebensweltnahe
Weise. Gleichzeitig lernen die Schüler so deutsche Musik bzw. Musiker und
damit auch ein Stück deutscher Pop- bzw. Alltagskultur kennen.

Exkurs ⇨ Darstellendes Spiel als Sprachförderung

Im Rahmen des Darstellenden Spiels finden sich unendlich viele Übungen, bei
denen die Akteure Spaß am Sprechen bekommen können – oder auch nonverbal agieren, wie bei Standbildern. Viele Spiele sind abwandelbar, Sprechrollen
können abgegeben werden, es kann pantomimisch agiert werden. Sie bieten
sich neben Sprachlernübungen auch als Warm-up an. Das folgende Beispiel
steht stellvertretend für viele weitere, die wir an anderer Stelle dargelegt haben
(vgl. hierzu ausführlich Osburg/Schütte 2015, Markmann/Osburg/Schütte
2014).

Assoziationskreis

(in enger Anlehnung an Osburg/Schütte 2015:60)

Material:
Keines

Ablauf:
Alle stehen im Kreis. Der Spielleiter gibt ein Thema vor (z. B. Fernsehen, Sommer, Schule …). Nacheinander äußern alle einen Begriff, der ihnen zu dem Thema einfällt.

Varianten und mögliche Differenzierung:
- Wem nichts einfällt, der wiederholt einen Begriff.
- Der assoziierte Begriff muss mit dem letzten Buchstaben des vorher genannten Begriffs beginnen.
- Die Begriffe müssen mit Buchstaben in der Reihenfolge des Alphabets beginnen.
- Es dürfen nur bestimmte Wortarten genannt werden.
- Statt Begriffen werden assoziierte Stimmungen, Laute, Pantomime vorgestellt.
- Das Tempo wird gedrosselt und jeder genannte Begriff wird im Anschluss von allen im Chor wiederholt.
- Die Schüler schreiben vor der Übung im Kreis selbst Themen auf Karten, aus denen dann gezogen wird.
- Die Begriffe können gespielt werden, um sie zu festigen.
- Die genannten Begriffe zu einem Thema können aufgeschrieben werden. Man kann abfragen, welche Wörter den Schülern besonders gefallen haben, und eine Top-Ten-Liste mit Begriffen erstellen. Wenn man zu mehreren Themen assoziiert hat, kann man gemeinsam überlegen, welches Thema die meisten Assoziationen ermöglicht hat.

Gewinn für die Arbeit in Willkommensklassen:
Die Fantasie der Schüler wird angeregt und sie lassen ihren Assoziationen freien Lauf. Wenn man hierauf ein Theaterstück aufbauen möchte, können Sie hier als Spielleiter erkennen, inwiefern die Themen die Lebenswirklichkeit der Schüler berühren, welches Vorwissen sie mitbringen, wie spontan (oder gehemmt) sie sind, wie groß ihr Assoziations- und Abstraktionsvermögen ist.

Der individuelle Materialordner

Um einen binnendifferenzierten, an die Kenntnisse des jeweiligen Schülers angepassten Unterricht zu ermöglichen, erhält jeder Schüler, der neu in unsere Klasse kommt, einen individuellen Ordner mit *individuellen* Übungsmaterialien, mit denen er im Unterricht der Sprachlernklasse sowie z.T. auch im Unterricht der Regelklasse arbeiten kann. Um die Erstellung eines solchen Ordners im Unterrichtsalltag schnell und unkompliziert zu ermöglichen, haben wir uns einen Vorrat von Kopien und Materialien angelegt, auf den wir zurückgreifen können. Diesen Vorrat haben wir nach Niveaustufen sortiert, so können wir im Alltag sehr kurzfristig und mit wenig Aufwand einen Materialordner erstellen und bereits vorhandene Ordner aufstocken.

Da viele Familien zunächst nicht die Möglichkeit haben, einen Ordner zu kaufen, bzw. auch manchmal nicht verstehen, was wir meinen, haben wir außerdem – finanziert durch den Förderverein – einen Grundstock von einfachen DIN-A4-Ordnern im Klassenschrank vorrätig.

Die Auswahl des Materials richtet sich nach den Fähigkeiten und Fertigkeiten (wie Sprachkenntnissen), aber auch nach dem Alter des Schülers und, wenn möglich, nach seinen Interessen. Ein 14-jähriger Schüler erhält z.B. anderes Material als ein 11-jähriger. Besonders bei jüngeren Schülern, die die lateinische Schrift lernen sollen, lohnt sich dafür beispielsweise ein Blick in die Schreiblernmaterialien der Grundschuldidaktik. Ältere Schüler (besonders die pubertierenden) reagieren hingegen oft ablehnend, wenn sie mit eher kindlichen Materialien konfrontiert werden. Für sie bieten sich ausgesuchte Materialien aus dem Alphabetisierungsfundus oder viele weitere DaZ-Materialien an (vgl. auch Oomen-Welke/Decker-Ernst 2016 oder Ahrenholz/Oomen-Welke 2017).

Die Arbeit mit Materialordnern hat sich für uns aus verschiedenen Gründen bewährt. Zum einen erleichtert dies, wie bereits erwähnt, die Gestaltung eines binnendifferenzierten Unterrichts. Zum anderen bieten sie eine sinnvolle Materialgrundlage für Vertretungsstunden, die den eingesetzten Kollegen, die oftmals keine Deutschlehrer sind, die Arbeit erleichtern. Außerdem können die Schüler die Ordner mit in den Regelunterricht nehmen, um, wenn die Sprachbarriere einmal allzu hoch ist und sie nicht gewinnbringend am Unterricht teilnehmen können, individuell darin zu arbeiten.

Da die Schüler individuelle Ordner haben, können sie sich nicht messen an dem, was der andere erarbeitet hat.

Das sollten Sie beachten, wenn sie mit Materialordnern arbeiten: Erstellen Sie für jeden Schüler einen individuellen Ordner – abhängig vom Alter, von den sprachlichen Fähigkeiten und von den kognitiven Anforderungen.

Für viele Schüler ist die Arbeit mit Ordnern und Mappen Neuland. Nehmen Sie sich zu Beginn Zeit und Raum, um den Schülern zu erklären, wie das Material aufgebaut ist, wo sie die Ordner lagern können, was in den Ordner gehört und was nicht.

Erklären Sie den Schülern, dass sie immer, wenn sie eine Aufgabe abgeschlossen haben, Rücksprache mit einer Lehrkraft halten und nicht zögern sollen, nachzufragen, wenn sie etwas nicht verstehen.

Weisen Sie die Schüler darauf hin, nur nach Absprache mit einer Lehrkraft zu Hause im Ordner zu arbeiten, da die Schüler sonst bereits Materialien bearbeiten, die sie noch nicht verstehen, und sich so leicht Fehler in den Spracherwerbsprozess einschleichen können.

Planen Sie regelmäßig Zeit ein, um die Ordner zu kontrollieren – altes Material auszuheften, neues einzuheften und ggf. zu korrigieren.

Kommunizieren Sie im Team, aber auch im ganzen Kollegium, dass die Schüler Materialordner haben und gerne damit gearbeitet werden kann.

Der Deutschlernfahrplan

Den Deutschlernfahrplan haben wir entwickelt, um die Organisation des Unterrichts in einer Willkommensklasse zu vereinfachen. Er orientiert sich am Rahmenplan/Bildungsplan, der für das Bundesland Niedersachsen gilt. In jeden Schülermaterialordner heften wir zuoberst einen solchen Fahrplan. Nach jeder Stunde zeichnet die unterrichtende Lehrkraft das entsprechende Thema im Ordner eines Schülers ab. Dies mag zunächst etwas aufwändig klingen, geht aber in der Praxis – mit etwas Übung und Routine – recht schnell. Zum einen erleichtert dies die Koordination von Unterrichtsinhalten im Rahmen des Teams der Willkommensklasse. Zum anderen können so auch Kollegen, die z. B. für eine Vertretungsstunde nur kurzfristig in der Klasse sind, schnell überblicken, welche Inhalte der jeweilige Schüler bereits bearbeitet hat und welche noch zu behandeln sind.

Gleichzeitig kann der Deutschlernfahrplan für neue oder unerfahrene DaZ-Lehrkräfte als eine Art Orientierung und Curriculum dienen und ist eine Motivation für die Schüler, da so ihr Lernfortschritt dokumentiert wird. Unsere Schüler, die die Arbeit mit dem Fahrplan gewohnt sind, fordern inzwischen nach jeder Stunde eine Unterschrift ein und freuen sich, wenn eine Seite voll ist.

Deutschlernfahrplan für: _____

Themenfelder	Kürzel	Anmerkung
über sich erzählen (Hobbys, Befindlichkeit etc.)		
Familie		
in der Schule		
Begrüßung/Verabschiedung/Höflichkeitsfloskeln		
sich orientieren		
Zahlen, Uhrzeit		

Grammatik (Anfänger)

Lernfeld	Kürzel	Anmerkung
Artikel (bestimmte und unbestimmte, wichtig: Genusregeln erklären)		
regelmäßige Verben		
haben und sein		
Personalpronomen, Possessivpronomen		
einfache Sätze (Verbzweitstellung)		
W-Fragen		
Ja/Nein Fragen		
Verneinungen		

Komparation		
unregelmäßige Verben		
trennbare Verben		
Pluralbildung		

Grammatik (Fortgeschrittene)

Lernfeld	Kürzel	Anmerkung
Perfekt		
Satzbau mit Objekten		
reflexive Verben		
unregelmäßige Verben		
Adjektivdeklination		
Kasus: Verben und ihre Ergänzungen		
Kasus: Präpositionen und ihre Ergänzungen		
Kasus: n-Deklination		
Kasus: Wechselpräpositionen		

Anforderungen an die Lehrkräfte

Überlegungen zur Lehrerrolle

Wir haben den Unterricht und die Organisation der Willkommensklassen relativ spontan übernommen. Alles, was wir bis dahin über die unterschiedlichen Facetten der Lehrerrolle und die Planung und Durchführung des Unterrichts gelernt hatten, wurde durch die Arbeit in der Willkommensklasse in ein neues Licht gerückt. Schnell ist uns bewusst geworden: Wer nicht flexibel ist, der kann in einer Willkommensklasse nicht unterrichten. Und wer Schülern und Unterricht keine Struktur geben kann, für den wird es ebenso schwer.

In erster Linie ist die Lehrkraft natürlich auch in dieser Klasse eine Lehr-Lern-Spezialistin. Sie sollte eine sehr heterogene Gruppe durch gezieltes Fördern und Fordern zum Lernen anleiten und in hohem Maße diagnostische Fähigkeiten besitzen, um den Schülern auch ohne die eigentlich notwendige sprachliche Verständigung einen angemessenen Bildungsweg zu eröffnen.

Die Arbeit in einer Willkommensklasse erfordert im Unterricht eine starke Präsenz, da die Schüler aus unserer Erfahrung die Hilfe der Lehrkraft viel stärker brauchen und einfordern als Schüler der Regelklassen. Sich in die Rolle des Lernbegleiters zurückzuziehen, reicht in dieser Klasse nicht aus.

Als Lehrkraft in einer Willkommensklasse wird von Ihnen auf der einen Seite viel Sensibilität für kulturelle Unterschiede, aber auch für die ganz individuellen Geschichten und Hintergründe der Schüler gefordert. Auf der anderen Seite brauchen die Schüler Strukturen und Regeln, deren Einhaltung stetig und konsequent eingefordert werden. Sie müssen als Lehrkraft also sowohl Vertrauensperson als auch Erzieher sein. In Ihrer Funktion als Erzieher müssen Sie dann allerdings auch erkennen, welche Regeln in dieser speziellen Klasse Sinn machen. Ausgetretene Pfade müssen hier verlassen werden können, d. h., bestimmte Regeln, die vielleicht in jeder anderen Klasse gelten, sollten stets auf ihre Sinnhaftigkeit überprüft werden. So ist es für einen Schüler vielleicht besonders wichtig, seine Jacke auch während des Unterrichts anzubehalten, auch wenn im Raum angenehme 22 Grad herrschen. Denn dieser Schüler ist vielleicht immer noch auf der Flucht und kann noch nicht begreifen, dass er nun hier angekommen ist. Vergessen Sie nicht, dies den Lehrern in der Regelklasse mitzuteilen!

Es ist wichtig, dass Sie verstehen, dass Sie eine bedeutende Bezugsperson für die Schüler der Willkommensklasse sind, die für alle möglichen Fragen zu jeder Zeit die richtige Anlaufstelle ist. Sie müssen sich darauf einstellen, dass v. a. der Aspekt des „Carings" Ihnen ein wichtiges Anliegen sein sollte. Eine Lehrperson, die sich nicht in authentischer Weise für diese besondere Gruppe von Schülern und ihre ganz speziellen Sorgen und Nöte interessiert, wird aus unserer Erfahrung nicht imstande sein, eine Willkommensklasse erfolgreich zu leiten. Zeigen Sie in diesem Bereich dennoch Grenzen auf. Signalisieren Sie den Schülern, dass auch Sie einmal Pause haben. Und versuchen Sie nicht, alle Probleme der Schüler zu lösen. Denn jeder dieser Schüler hat mit seiner Familie noch unterschiedliche Hürden in Deutschland zu nehmen. Vertrauen Sie darauf, dass viele Städte und Gemeinden bereits ein gut funktionierendes Helfernetzwerk außerhalb der Schule aufgebaut haben. Wenn Sie an diesem Punkt unsicher sind, informieren Sie sich. Insgesamt sollten Sie sich aber bewusst sein, dass die Fürsorge für Ihre Schüler eben nur ein gewisses Maß erreichen kann. Denn Sie sind ja – neben Ihrer Funktion als Lehrkraft in der Willkommensklasse – auch noch in anderen Bereichen der Schulgemeinschaft eingesetzt.

Im Bezug zum Unterricht, aber auch zur sonstigen Organisation der Klasse, ist es zudem ungemein wichtig, eine gute Teamarbeit zu leisten. Absprachen und gemeinsame Reflexionen von schwierigen oder ungewohnten Situationen sind unabdingbar, um eine stabile, für die Schüler wertvolle und zukunftsorientierte Arbeit zu leisten. Sprechen Sie zwar wertschätzend, aber ehrlich aus, wenn Sie sich in Teams nicht wohlfühlen und suchen Sie aktiv nach Lösungen, die keinen verletzen. Wenn Ihre Schule über Mittel dafür verfügt, sollten Sie unbedingt eine sich wiederholende Supervision durch eine außenstehende Person einfordern.

Der schmale Grat zwischen Rücksicht und Forderung

- ◯ Ihr erstes Anliegen sollte die bestmögliche Förderung und Forderung der Schüler sein, um ihnen die Teilhabe an der Schulgemeinschaft zu ermöglichen.

- ◯ Hinterfragen Sie Ihr bisheriges Bild Ihrer Lehrerrolle im Zusammenhang mit der Arbeit in der Willkommensklasse kritisch und modifizieren Sie es gegebenenfalls: Seien Sie flexibel!

- ◯ Zeigen Sie Interesse an den Hintergründen der Schüler: Wenn Ihnen etwas seltsam vorkommt, fragen Sie den Schüler danach.

- ◯ Achten Sie darauf, dass die Willkommensklasse ein sicherer Ort für die Schüler ist, an dem es Routinen und Strukturen gibt.

- ◯ Achten Sie auf die Einhaltung von nicht verhandelbaren Regeln, wie etwa „Wir behandeln uns mit gegenseitigem Respekt".

- Zeigen Sie Präsenz im Unterricht und geben Sie genügend Hilfen, damit keine Frustrationserlebnisse für die Schüler entstehen.

- Machen Sie sich bewusst, dass Sie nicht alle Probleme der Schüler lösen können, denn Sie arbeiten weder als Traumatherapeut noch entscheiden Sie über den Asylantrag der Familien.

- Helfen Sie dort, wo Sie wirklich helfen können: beim Deutschlernen, bei der Integration in der Schule und als Ansprechpartner, der für die Probleme Hilfe vermitteln kann, zu der die eigene Kompetenz nicht ausreicht.

Die Rolle der Schulleitung

Eine gute Zusammenarbeit mit der Schulleitung ist ein wichtiger Aspekt, der die Arbeit in einer Willkommensklasse erleichtert und die Integration der Klasse in die Schulgemeinschaft unterstützt.
Die Schulleitung kann von großer Hilfe sein, wenn es um die Übersicht über vorhandene Ressourcen, organisatorische Rahmenbedingungen und schulrechtliche Grundlagen und die Entlastung der Lehrkräfte geht.
Im folgenden Kapitel werden wir zum einen erläutern, wie eine solche Zusammenarbeit aus organisatorischer Perspektive gestaltet werden kann, und zum anderen konkrete Beispiele für Bereiche nennen, die in Zusammenarbeit mit der Schulleitung gestaltet werden sollten.

Zusammenarbeit mit der Schulleitung – organisatorische Perspektive

Schulleitungen bestehen zumeist aus mehr als einer Person. Im Alltag unserer Schule hat sich sehr bewährt, innerhalb des Schulleitungsteams eine Person zu bestimmen, die hauptverantwortlicher Ansprechpartner für den Bereich Willkommensklassen ist. An sie gehen alle Fragen und Probleme rund um das Thema Willkommensklassen. Dieses sollte an alle Schüler der Willkommensklassen, an alle weiteren Schüler der Schule und an das Kollegium kommuniziert werden. Es bietet sich an, ein Foto der Person an die Pinnwand der Schule zu hängen.

Sollte es die Fächerkombination und Stundenbelastung des Schulleitungsmitgliedes zulassen, ist es empfehlenswert, dass das Schulleitungsmitglied auch in der Willkommensklasse unterrichtet, um die Schüler kennenzulernen, aber auch um ein Gefühl für die Besonderheiten und Herausforderungen des Unterrichts in einer Willkommensklasse zu bekommen. Außerdem haben wir in unserer Arbeit erlebt, dass sich die Sprachlernschüler sehr wertgeschätzt fühlen, wenn sie merken, dass sich die Schulleitung für sie verantwortlich fühlt, sie vielleicht sogar unterrichtet und ein offenes Ohr für ihre Sorgen, Nöte und Anregungen hat.

Um die Zusammenarbeit zu vereinfachen, haben wir einen fixen Besprechungstermin für alle Klassenlehrer der Willkommensklasse und unsere Ansprechpartner aus der Schulleitung fest in unseren Stundenplan eingebaut.

Dies bedeutet nicht zwangsläufig, dass man sich jede Woche treffen muss, aber grundsätzlich besteht jede Woche die Möglichkeit einer Besprechung. Weiterhin können wir Ihnen sehr empfehlen, auch die erweiterte Schulleitung, also die Fachbereichsleiter, in die konzeptuelle und organisatorische Arbeit rund um eine Willkommensklasse einzubinden.

Eine Willkommensklasse ist kein abgeschlossener Bereich, denn je nachdem, welches Konzept gewählt wird, gehen die Schüler sukzessiv oder direkt in die Regelklassen über, d. h. aber nicht, dass der Erwerb der deutschen Sprache zu diesem Zeitpunkt bereits abgeschlossen ist. Der Spracherwerbsprozess wird noch weit über die Zeit, die die Schüler nicht deutscher Herkunftssprache in der Willkommensklasse verbringen, hinausgehen. Die Entwicklung eines Konzepts für sprachsensiblen Fachunterricht ist demnach eine wichtige Aufgabe, die von den jeweiligen Fachbereichsleitern initiiert werden sollte.

Außerdem können die Fachbereichsleiter in ihren Fachgruppen anregen, Konzepte für alternative Prüfungsformen zu entwickeln, die mit den ggf. verabschiedeten Nachteilsausgleichen zu vereinbaren sind. Zudem verfügen die meisten Fachbereiche über ein Budget, das es ggf. ermöglicht, Materialien anzuschaffen, die von den Fachlehrern für die Inklusion der Sprachlernschüler in den Regelunterricht benötigt werden. So gibt es z. B. für das Fach Deutsch zahlreiche dramatische und epische Texte in sprachlich vereinfachter Form.

Zusammenarbeit mit der Schulleitung – inhaltliche Perspektive

Zu Beginn der Zusammenarbeit mit der Schulleitung bzw. so rechtzeitig wie möglich sollten zentrale Fragen geklärt werden:

- Welches Konzept (vgl. S. 15–18) der Beschulung wollen wir verfolgen?
- Welche Lehrkräfte mit welchen Qualifikationen können in der Sprachlernklasse eingesetzt werden?
- Gibt es ein Budget, um Lehrmittel anzuschaffen?

- Kann ein eigener Klassenraum bereitgestellt werden?
- Wie soll die Schulbuchausleihe erfolgen?
- Wer übernimmt die Zuteilung der Schüler der Willkommensklasse in die Regelklasse?
- Nach welchen Kriterien sollen die neu zugewanderten Schüler in die Regelklassen verteilt werden?
- Gibt es Kollegen, die den neuen Schülern eher skeptisch gegenüberstehen? Wenn ja, wie können Sie sie (und auch alle weiteren Kollegen) „ins Boot holen", denn die neue Entwicklung sollte von allen getragen werden?
- Wie kann und soll der Stundenplan der Willkommensklasse gestaltet werden?
- Wer entscheidet, wie lange die Schüler in der Willkommensklasse beschult werden sollen? Gibt es hierzu gesetzliche Vorgaben bzw. Vorschriften?

Gerade beim letzten Punkt empfiehlt es sich, eng mit der Schulleitung zusammenzuarbeiten und einzelne Fälle durchzusprechen, denn mitunter gibt es Vorschriften oder Bedingungen, die Schüler erfüllen müssen, derer Sie sich aber eventuell nicht bewusst sind. Dies gilt besonders, wenn Sie, wie wir, an einer Gesamtschule mit zahlreichen Abschlussmöglichkeiten arbeiten.

Je nachdem, welches Modell gewählt wird, haben die Schüler der Willkommensklasse meist individuell unterschiedliche Stundenpläne. Die Erstellung dieser Stundenpläne ist oft kompliziert und birgt einige Fallstricke. In unserem Alltag hat es sich bewährt, vor jeder neuen Stundenplanperiode einen Termin mit dem für die Stundenpläne zuständigen Schulleitungsmitglied zu vereinbaren, um über Neuheiten, Probleme etc. zu sprechen. Zu Beginn mag dies noch sehr aufwändig erscheinen, doch wird diese Aufgabe mit der Zeit immer mehr zur Routine.

Neben all diesen organisatorischen und inhaltlichen Details möchten wir aber zum Abschluss noch einmal betonen, dass einer der wichtigsten Faktoren ist, dass alle gemeinsam das Ziel verfolgen (sollten), die Schüler der Willkommensklasse erfolgreich in das Schulleben zu integrieren und dies nach außen und nach innen zu kommunizieren. Dann ist es auch nicht so schlimm, wenn mal ein Stundenplan nicht gelingt, die Schüler der Willkommensklasse nicht sofort die benötigten Bücher erhalten oder mal eine Stunde im falschen Kurs verbringen.

Zum Abschluss dieses Kapitels möchten wir Mirjam Gerull zu Wort kommen lassen. Sie ist stellvertretende Schulleiterin an jener Schule, die hier in großen Teilen beschrieben wird. Sie hat viel dazu beigetragen, dass die Schüler an unserer Schule so gut ankommen konnten. Und die Zusammenarbeit mit ihr war für uns Lehrkräfte eine große Unterstützung.

Ein Interview Es gibt noch viele Baustellen – aber wir haben schon viel geschafft

Mirjam Gerull M.G. , *stellvertretende Schulleiterin der Kooperativen Gesamtschule Pattensen, im Gespräch mit* **Anne Krull** A.K.

A.K. Mirjam, wie soll die Kommunikation zwischen Schule, Stadt und Behörde deiner Meinung nach im Idealfall verlaufen?

M.G. Im Idealfall sollte die Kommunikation so verlaufen, dass man die Informationen schnell erhält, wenn neue Flüchtlingskinder kommen, und dass man auch Hintergrundinformation über die Familie bekommt. Aber meistens hat die Stadt diese Informationen leider selbst nicht. Die Stadt unternimmt ganz viel im Bereich Flüchtlingshilfe – d. h., sie bietet z. B. auch Sprachkurse an. Wir haben ein Flüchtlingsnetzwerk, sodass die Verbindung zwischen Stadt und Schule eigentlich noch besser sein könnte. Daran sollten wohl beide Seiten arbeiten.

Richtung Behörde ist es so, dass wir tatsächlich gerade mit Stunden sehr gut ausgestattet sind und auch mittlerweile Verträge mit Externen möglich sind, also Nichtlehrern, zur Unterstützung dieser Willkommensklassen. Das ist schon deutlich mehr als in der Vergangenheit stattgefunden hat. Trotzdem ist es, gerade wenn es auch um Sprachfeststellung etc. geht, wahnsinnig viel Papierkram, der erledigt werden muss. Es wäre einfacher, wenn das ein bisschen unkomplizierter wäre.

A.K. Daran schließt sich dann auch die nächste Frage an. Kannst du beschreiben, wie es in der Realität tatsächlich aussieht?

M.G. Also, ich glaube, dass nicht alle Mittel, die zur Verfügung stehen, genutzt werden, eben weil es nicht ganz durchschaubar ist, wie man an Mittel herankommt. Natürlich gibt es Dienstbesprechungen und Papiere, aber es ist immer noch eine Barriere, alles zu finden und auszufüllen. Und manchmal wünsche ich mir einerseits, dass es insgesamt einfacher ist, dass z. B. die Behörde sagt, hier sind die Verträge und das sind die Bewerber, und dass man einfach ein bisschen mehr Unterstützung erfährt und nicht alles an der Schule selbst hängen bleibt. Natürlich hat es andererseits den Vorteil, dass wir sehr viel selbst bestimmen können. Aber es braucht wahnsinnig viel Zeit, um sich in alles hineinzuarbeiten.

A.K. Also sollte es vielleicht so etwas geben wie eine zentrale Anlaufstelle für Willkommensklassen?

M.G. Die gibt es ja und trotzdem ist es aber so, dass diese Leute nicht hier vor Ort sind. Es wäre wünschenswert, wenn es jemanden gäbe, der vielleicht drei Stunden die Woche oder alle zwei Wochen in die Schule kommen könnte und dann für Kollegen und für die Schulleitung ansprechbar wäre. Dann bestünde eben der persönlichere Kontakt vor Ort.

A.K. Was daran anschließt, ist natürlich die Frage, was für dich als Schulleitung oder für die gesamte Schulleitung durch die Einrichtung einer Willkommensklasse – v.a. auf organisatorischer Ebene – eigentlich für Herausforderungen entstanden sind.

M.G. Ich denke, organisatorisch ist es eine riesige Herausforderung, dass sehr vieles nicht planbar ist. Wir wissen nicht, wann die Kinder kommen und wie viele es sein werden. Sie kommen nicht zu den Halbjahren oder zum Schuljahresanfang, sondern sie sind auf einmal da. D.h., hier sollte man Prozesse optimieren – also wie sind die Reihenfolgen: Sekretariat, Kommunikation mit den Lehrern der Willkommensklassen, die Aufnahmegespräche usw. Das ist schon immens. Dann sollte man natürlich immer bedenken, wie mit Lehrern aufgestockt werden könnte. Das sollte einfach sehr, sehr, sehr flexibel sein. Ich weiß, dass es ganz viele Schulen gibt, die schon seit 20 Jahren Integration gestalten und Flüchtlingsklassen haben. Dann gibt es aber auch die Schulen, die jetzt auf einmal mit einer großen Menge von Schülern nicht deutscher Herkunftssprache konfrontiert werden. Das ist auch für das Kollegium, gerade wenn es keine Erfahrungen gibt, eine Herausforderung. Denn hier ist sehr viel Achtsamkeit gefragt, sehr viel Mitdenken, sehr viel Empathie. Interkulturell gibt es auch immer wieder Schwierigkeiten. Und dadurch entstehen natürlich Konflikte. Und man hat letztlich ein bisschen Sorge, dass diese Kinder so hin- und hergeschoben werden. Und keiner sich richtig dafür zuständig fühlt.

A.K. Wie, denkst du, könnte das geändert werden? Wie könnte im Kollegium ein Bewusstsein dafür geschaffen werden, dass an der Schule Kinder sind, die aus anderen Kulturkreisen kommen, die vielleicht sehr spezifische Probleme haben?

M.G. Im Endeffekt ist es eine Art von Inklusion. Man sollte permanent daran arbeiten. Es ist ein sehr langer Prozess, durch Fortbildung, durch Gespräche, auch innerhalb des Kollegiums. Die Fachbereichsleitungen spielen da meines Erachtens auch eine zentrale Rolle. Sie sollten in dieser Hinsicht fortgebildet werden, um ein Auge dafür zu bekommen und einfach achtsam zu sein. Das kann man nur, indem man permanent darauf hinweist, es immer wieder betont, sich Zeit nimmt, darüber zu sprechen. So haben wir in den letzten anderthalb Jahren versucht, dieses Thema auf Dienstbesprechungen und Gesamtkonferenzen immer wieder anzusprechen, um es präsent zu halten.

A.K. Und sollte man vielleicht auch etwas an der Organisationsstruktur von Schule ändern, um die Integration zu erleichtern? Siehst du da Möglichkeiten, Strukturen zu schaffen, die vielleicht auch das Unterrichten in sehr heterogenen Klassen erleichtern?

M.G. Ich glaube, dass wir sowohl durch die Inklusionsschüler als auch die Schüler der Willkommensklassen einfach eine noch größere Heterogenität in der Schülerschaft haben, als es ohnehin schon der Fall war, wenn z.B. teilweise ältere Schüler in Klassen sitzen, die noch gar nicht richtig Deutsch sprechen können oder vielleicht auch noch gar nicht alphabetisiert sind. Es ist ein noch viel größer gewordenes Spektrum an Schülerschaft, das in einem Raum sitzt. Wir überlegen tatsächlich, ob wir diesen Klassenunterricht im eigentlichen Sinne abschaffen und dazu übergehen, die Organisationsstrukturen wirklich komplett zu ändern. Das bedeutet auch, die Lernart zu ändern, sodass sie selbstgesteuerter und individueller wird. Ich denke, dass diese Schüler so einfach viel besser gefördert und gesehen werden. Man könnte zunächst – um im Kleinen anzufangen – Projekttage zu diesen Themen durchführen. Dies wäre als gemeinsames Unterfangen auch im Sinne der Förderung interkultureller Bildung an der Schule sicherlich sehr sinnvoll.

A.K. Daran sind ja auch übergeordnete Strukturen, wie z.B. das Schulprogramm, angebunden. Was bedeutet das eigentlich für das Schulprogramm und übergeordnete Konzepte, eine Willkommensklasse an einer Schule zu haben?

M.G. Wichtig ist, das Thema interkulturelle Bildung überhaupt mit ins Schulprogramm aufzunehmen. Wie gesagt, für manche Schulen ist dies nichts Neues, aber für Schulen – ich denke gerade im ländlichen Bereich – ist das sehr wohl etwas Neues. Und d.h., man sollte erst einmal überhaupt Lehrer und auch ein Schulleitungsmitglied haben, die gemeinsam einen Vorschlag an den Schulvorstand machen, dieses Thema ins Schulprogramm aufzunehmen. Wir haben das jetzt gemacht und ein Entwicklungsziel formuliert. Es gibt viel Literatur zu dem Thema. Bausteine sind dabei auch Elternarbeit oder Patensysteme unter Eltern.
Generell sollte das Schulprogramm eben auch viel mehr andere Kulturen berücksichtigen. Nehmen wir als Beispiel religiöse Feste. Die Schülerschaft ist bei uns in erster Linie christlich orientiert. Und jetzt haben wir aber immerhin, so um die zehn Prozent, die eine andere Religion haben. Und deren religiöse Feste werden kaum berücksichtigt. Wir haben relativ wenig Lehrer, die einen Migrationshintergrund haben. Auch das ist an anderen Schulen anders. Aber gerade wenn man ein Kollegium hat, in dem Multikulturalität nicht präsent ist, dann ist es unglaublich wichtig, interkulturelle Bildung ins Schulprogramm aufzunehmen, damit das Thema überhaupt gesehen wird.

Dadurch entsteht dann eine neue Sensibilität. Beispielsweise wenn jetzt Ramadan ist, dann ist das Kollegium informiert und weiß, dass muslimische Schüler vielleicht gerade nicht so leistungsfähig und eventuell unkonzentriert sind.

A.K. Du hast gerade gesagt, dass sich auch ein Schulleitungsmitglied in diesem Bereich verantwortlich fühlen sollte. Wie würdest du denn die ideale Zusammenarbeit zwischen den Kollegen in der Willkommensklasse und der Schulleitung beschreiben? Und was würdest du anderen Schulleitungen, die jetzt Willkommensklassen neu einrichten, für Tipps mit auf den Weg geben?

M.G. Es ist unabdingbar, dass sich ein Schulleitungsmitglied dafür zuständig fühlt und auch regelmäßig mit den verantwortlichen Kollegen eine Team-sitzung macht. Es ist unglaublich wichtig, dass wir das an einem Wochentag regelmäßig machen, da es immer sehr viele Fragen gibt, auch sehr viele rechtliche Fragen, in die man sich einarbeiten muss. Und das können die Kollegen nicht alleine machen, das funktioniert einfach nicht. Da fühlen sie sich alleingelassen, auch mit Recht, weil dies eben auch eine Schulleitungs-aufgabe ist. Da den Rücken zu stärken, Zeiten zu schaffen, auch z.B. Sprech-stunden, eine Entlastung für die Kollegen zu ermöglichen, sie aus Pausen-aufsichten herauszunehmen, weil sie sonst wirklich von anderen Kollegen mit Fragen zu dieser Thematik belagert werden, das ist unsere Aufgabe. Und natürlich sollte man Kollegen wählen, die Lust und auch wirklich eine Leidenschaft dafür und das Herz an der richtigen Stelle haben. Denn wenn man jemanden in diese Aufgabe reinzwingt, ist das von vornherein zum Scheitern verurteilt.
Nach über einem Jahr mit den Willkommensklassen merken wir, dass wir uns nicht mehr so oft treffen, weil es einfach nicht mehr so notwendig ist und viele Sachen jetzt schon routiniert sind. Den Lehrern der Willkommensklassen ist klar, was sie selbst entscheiden können und dürfen. Aber eine regelmäßige Zeit im Stundenplan für Treffen zu reservieren, die man nach Bedarf nutzen kann, das hat sich bewährt.

A.K. Wir haben jetzt eher über Probleme und Herausforderungen gespro-chen. Was sind denn auch für neue Projektideen durch die Willkommens-klassen entstanden?

M.G. Was jetzt schon stattgefunden hat, sind Kooperationen mit Universitä-ten oder auch mit außerschulischen Partnern im Bereich Theater, Kunst und Sport. Dabei ging es darum, Spracherwerb neu zu gestalten, das Ganze zu öffnen und zu sagen, man lernt eben nicht nur auf dem Papier, sondern wirklich das Ganze in Bewegung mit umzuformen. Oder auch im Werken/ technischen Bereich wurde sehr viel gemacht. Und ich glaube, das war auch

ganz hilfreich für die Kinder, da ihnen andere Zugänge zur deutschen Sprache ermöglicht wurden. Das hat die Kinder im Ganzen gestärkt. Das ist nichts
Neues, aber es ist an dieser Stelle einfach besonders wichtig.

Und auch da ist Unterstützung wichtig – in unserem Fall war es der Schul-
leiter unserer Gesamtschule, der viel angeschoben hat. Oder eben die Kollegen, die mit Universitäten kooperieren, die auch sofort eigenständig Ideen
entwickeln und ihre Studenten integrieren. Das ist gut gelaufen.

A.K. Wie würdest du denn insgesamt den Mehrwert so einer Willkommensklasse für die Schulgemeinschaft einschätzen?

M.G. Insgesamt bringt es den Gedanken der Vielfalt noch einmal ganz neu
in Schule hinein. So denken wir Inklusion noch einmal viel größer und stellen
alle Individuen ins Zentrum. Es bewirkt, andere Kulturen zu sehen, Fragen zu
stellen und sich damit auseinanderzusetzen. Darauf zielt sicherlich auch das
Projekt *Schule ohne Rassismus* ab. Hierfür haben wir ein Profil entwickelt, weil
das einfach viel mehr in den Fokus kommen sollte für die Kinder, die hier in
Deutschland groß geworden sind und noch kaum Berührungspunkte mit
anderen Kulturen hatten. Ich finde diesen Ausdruck „Kinder nicht deutscher
Herkunft" ganz schlimm, weil es „Kinder nicht deutscher Herkunft" und die
„deutscher Herkunft" unterscheidet.

A.K. Es spricht ja immer mehr dafür, dass es den Regelschüler überhaupt nicht
gibt, sondern dass es verschiedene Kinder mit verschiedenen Hintergründen
und Fähigkeiten und aber auch Problemen gibt

M.G. Ja, eben, und das sollte einen dazu bewegen, vom Schüler aus zu denken. Nicht zu denken, in welche Schublade kann ich ihn oder sie jetzt rein-
sortieren, welcher Schulzweig ist das, welcher Migrationshintergrund, welcher Lerntyp, sondern wirklich zu sagen, okay, da ist das Kind, vorgefertigte
Muster sind jetzt vollkommen egal, und dann individuell zu schauen, wie es
gefördert werden sollte. Ich denke, dies ist viel mehr in den Fokus gerutscht.
Und wie gesagt, auch die Schüler unter sich können sehr viel durch die ge-
steigerte Heterogenität lernen. Sie müssen sich ja zwangsweise damit auseinandersetzen. Natürlich gibt es auch Konflikte in den Regelklassen mit den
Schülern aus der Willkommensklasse. Aber das ist dann auch ein guter Gesprächsanlass oder ein Denkanstoß. Die Kinder oder die Gruppen sollten sich
damit auseinandersetzen, dass es andere Kulturen gibt, in denen man sich
einfach anders verhält. Man sollte schauen, was ist vielleicht das Schöne am
anderen, an der anderen Kultur. Und das haben die Kinder schon registriert,
indem sie z. B. festgestellt haben, dass viele Kinder aus dem arabischen Raum
sehr höflich sind. Das ist ihnen aufgefallen und andererseits ist ihnen dabei
aufgefallen, wie respektlos in Anführungszeichen deutsche Schüler manchmal

sind. So entstehen Gesprächsanlässe. Ich sehe das insgesamt, gerade im Hinblick auf die Globalisierung, als großen Gewinn für eine Schule.

A.K. Könntest du – du hattest gerade *Schule ohne Rassismus* angesprochen – kurz erläutern, aus welcher Problematik dieses Projekt eigentlich gestartet wurde und was die Zielsetzung ist?

M.G. Die Problematik ist, dass natürlich auch hier an der Schule schon manchmal fremdenfeindliche Stammtischparolen im Unterricht fallen. Es ist auch egal, in welchen Jahrgängen und in welchen Schulzweigen, man hat überall dazwischen Gedankengut, das irgendwie in die rechte Ecke einsortiert werden kann, was unreflektiert einfach von Schülern geäußert wird. Und da reicht der normale Unterricht zur Klärung dieser Problematik einfach nicht aus. Deshalb sollte ein Projekt her, ein größeres, welches das immer wieder aufgreift und problematisiert, in dem wir zeigen wollen, dass wir eine Gesellschaft sind, die durch Vielfalt geprägt ist, und dass man einander annimmt und toleriert und eben nicht radikale Meinungen entwickelt, die beinhalten, dass die Geflüchteten alle wieder zurückgeschickt werden und wir die Grenzen zumachen sollten. Wir hoffen, so zu verhindern, dass aus Angst vor dem Unbekannten Fremdenfeindlichkeit wird.
Das ist die Idee des Projekts: Ganz viele Schüler engagieren sich dafür und überlegen sich jedes Jahr Aktionen, wie man das Thema präsent machen kann –eine großartige Sache.

A.K. Gibt es etwas, das ich nicht gefragt habe, was du noch gerne ergänzen würdest? Vielleicht auch zu den Zukunftsperspektiven von Willkommensklassen?

M.G. Was meiner Meinung nach ganz, ganz wichtig ist, ist, dass die Förderung nicht sofort aufhört, sobald die Schüler ein Jahr in der Willkommensklasse waren. Sie sollte weitergehen – auch in den Regelklassen. D.h., Sprachförderung generell sollte für die nächsten Jahre massiv ins Zentrum rutschen. Das ist nicht mit einem Jahr Willkommensklasse erledigt, sondern das sollte langfristig über die gesamte Schulzeit angelegt sein.
Natürlich sollte auch die Integration, die interkulturelle Bildung noch viel weitergedacht werden als jetzt im Rahmen einer Willkommensklasse nur für ein Jahr. Das ist ein Riesenprozess. Und auch die andere Seite der Regelklassen wird ja beim Thema Willkommensklasse noch wenig betrachtet, also jene Klassen, in denen die Schüler letztendlich ihren Abschluss machen sollen.
Ein weiteres großes Thema ist die Kooperation mit Betrieben. Es sollte noch viel stärker gefördert werden, diese Kinder in den Arbeitsmarkt zu bringen, gerade wenn sie in der 8. oder 9. Klasse sind. Was für Perspektiven können wir ihnen überhaupt eröffnen, denn sie werden nicht innerhalb eines Jahres

auf einmal eine Abschlussprüfung schreiben können. Die Frage ist dann: Wie bekommt man diese Kinder und Jugendlichen oder jungen Erwachsenen trotzdem in den Arbeitsmarkt hinein, sodass sie Teil dieser Gesellschaft werden, ohne die ganze Zeit zu merken, sie können das alles nicht, was sie hier eigentlich ableisten müssten in dem Alter? Ich glaube, da sollten wir – aber v. a. das System – wirklich noch ein bisschen flexibler werden.

A.K. Das ist ja ein ganz interessanter Punkt, die Zusammenarbeit mit den berufsbildenden Schulen und auch die Umstrukturierung der beruflichen Bildung. Denn sonst scheitern wir mit unserer Arbeit ja eigentlich am System.

M.G. Ich glaube, das deutsche Schulsystem ist noch zu schriftlastig. Da müsste man wirklich umdenken und über Alternativprüfungen nachdenken. Schüler der Willkommensklasse können eben nicht innerhalb von zwei Jahren das abrufen, was deutsche Schüler über zehn Jahre erlernt haben.

A.K. Ja, ich glaube, sonst verschenken wir auch ganz viel Potenzial für die Gesellschaft.

M.G. Wenn man den Bogen jetzt noch weiter spannt, haben wir dann die Schulversager der Zukunft bzw. die, die in der Gesellschaft keinen Fuß finden. Und wenn man jetzt mal sagt, Arbeit ist ein ganz, ganz wichtiger Bestandteil, um in einer Gesellschaft anzukommen, wenn wir diese Chancen den Schülern nicht geben, dann haben wir wirklich in ein paar Jahren ein massives Problem. Man sieht ja z. B. in Frankreich, was passiert, wenn man die Jugendlichen nicht in den Arbeitsmarkt integriert.

A.K. Das stimmt. Aber dann sind unsere Willkommensklassen doch ein guter erster Schritt.

M.G. Auf jeden Fall.

A.K. Herzlichen Dank für das Interview!

Schüler beim Sprachenlernen unterstützen

Wenn neue Schüler in die Willkommensklasse kommen, dann, um die deutsche Sprache zu lernen. Möglichst effektiv soll dies geschehen, um die Regelklassen zeitnah besuchen und sich dort fachspezifische Inhalte erschließen zu können. Die Schüler lernen teilweise beeindruckend schnell. Aber nicht immer geht es so rasant, wie wir es uns erhoffen.
Wie können wir im Unterricht die Kinder sprachlich hilfreich unterstützen?
Wie lernen Kinder überhaupt andere Sprachen?

Der Mensch besitzt die Fähigkeit, viele Sprachen zu lernen. Alle Kinder in Deutschland kommen heutzutage mit anderen Sprachen in Kontakt – sei es in ihrer Lebensumwelt, in der engen Familie oder in den Medien. Unbewusst bedienen wir uns im Deutschen vieler Wörter, die aus anderen Sprachen übernommen sind: „Pullover", „Cowboy", „Gaming", „Bye-bye" etc.
Nicht nur neu zugewanderte Kinder, sondern auch deutsche Kinder wachsen häufig zweisprachig auf: Manche sind zweisprachig erzogen oder haben ein oder zwei Elternteile, deren Muttersprache nicht Deutsch ist. Manche sind aus anderen Gebieten zugewandert, andere wiederum leben in zweisprachigen Gebieten, wie z. B. an der Grenze zu Dänemark oder Frankreich etc.
Kinder sind sehr sensibel für andere Sprachen. Sie lernen schnell neue Begriffe und Wörter, sind offen für die Phoneme der anderen Sprachen, für die Sprachlaute, und eignen sich meist problemlos auch die Grammatik an. Je jünger die Kinder sind, desto offener sind sie für neue Sprachen. Lernen sie im Kindergartenalter die zweite Sprache, so geschieht dies meist akzentfrei. Ab dem Grundschulalter sind bei den Lernern manchmal Akzente beobachtbar – aber es gibt auch viele gegenteilige Beispiele (vgl. ausführlicher Dehn/Oomen-Welke/Osburg 2012:74 ff.). Auch Jugendliche haben noch ein enormes Potenzial des Sprachenlernens.
Wenn die Lernenden sich die geschriebene Sprache zusätzlich erschließen, steigt das Lernpotenzial, denn sie können Sprache analysieren – sie ist nicht mehr nur flüchtig. Nicht alle neu zugewanderten Schüler sind alphabetisiert. Und für einige, die in der arabischen Sprache alphabetisiert sind, ist unsere Sprache von links nach rechts mit Graphemen und vielen Vokalen eine Herausforderung (vgl. dazu Markmann 2016, Osburg 2016, Gogolin et al. 2011, Neumann/Schneider 2011, Oomen-Welke/Decker-Ernst 2016).

Der Erwerb einer neuen Sprache kann problemlos verlaufen – aber auch mit Schwierigkeiten verbunden sein; insbesondere dann, wenn sie nicht freiwillig gelernt wird. Manche Kinder verweigern das Lernen der zweiten Sprache, z. B. wenn sie aus bestimmten Gründen Abneigungen gegenüber der neuen Sprache empfinden, weil die Eltern (aufgrund der Arbeit) das Heimatland verlassen haben und sie nicht mit umziehen wollten, oder wenn die Eltern zu häufig Land und Sprache wechseln. Bei neu zugewanderten Kindern sind es häufig Traumata, die das Lernen erschweren. Die Flucht, Todesfälle, Bomben – all das ist in den Köpfen präsent und häufig kommt Schlafmangel (aus emotionalen oder situativen Gründen) dazu. Und wer kann lernen, wenn er übermüdet ist?

In unserer Klasse haben wir keine Schüler, die offensichtlich und bewusst das Sprachenlernen verweigern. Aber es gibt Schüler, die sich kaum trauen, vor anderen zu sprechen, und vielleicht noch nicht die Notwendigkeit sehen, die deutsche Sprache zu lernen. Zudem können wir fachlich nicht immer beurteilen, inwiefern der Schüler die deutsche Sprache leicht oder unter erschwerten Bedingungen erlernt.

Sprachkonflikte in der Familie oder die Ausübung von Druck, weil die Eltern z. B. zu hohe Erwartungen an den Schüler haben, können das Sprachenlernen erschweren. Auch kann es sein, dass ein Elternteil möchte, dass das Kind schnell die neue Sprache lernt, der andere aber hier „mental" noch nicht angekommen und ablehnend gegenüber Deutschland ist. Da das Kind beiden Elternteilen nahe sein will, entsteht ein Mechanismus, der das Kind zerreißt. Manchmal können Gespräche aufschlussreich sein; aus ihnen können Lernpotenziale abgeleitet oder Lernblockaden erkannt werden (vgl. dazu Groskreutz 2016).

Sprachenlernen kann für Kinder auch dann erschwert sein, wenn sie keine gut ausgebildete Erstsprache haben, z. B. aufgrund von sprachlichen Auffälligkeiten, und dann eine zweite Sprache erlernen sollen oder müssen. Die Fähigkeiten der Erstsprache abzufragen (vgl. S. 29), ist deshalb bedeutsam.

Warum die Schriftsprache das Sprachenlernen unterstützt

Wer die arabische Sprache (und hier gibt es viele Varianten) nicht beherrscht und aus ihr Wörter heraushören soll, der wird daran scheitern. Ähnlich geht es Kindern und Jugendlichen, die aus dem Sprachfluss der deutschen Sprache Wörter eliminieren sollen – ein kaum lösbares Unterfangen. Hinzu kommt, dass beim Identifizieren von Wörtern und Wortstämmen (z. B. „laufen") Lautfolgen erkannt werden müssen, die sich ändern: „Lauf", „gelaufen", „läufst", „laufe" … oder „Buch" – „Bücher". Es ist nicht einfach, sich Wörter aus dem Lautstrom zu erschließen; noch schwieriger ist es, Morpheme zu identifizieren (vgl. Dehn/Oomen-Welke/Osburg 2012:76).

Im Unterricht beginnen Lerner, Wörter zu erkennen und zu verstehen. Wir setzen als Hilfe von Anfang an die Schrift ein – unabhängig davon, ob die Kinder alphabetisiert sind oder nicht.

Wichtig ist es, verschiedene Ebenen von Sprache zu kombinieren, die ikonische (mittels Bildern oder Fotos), die geschriebene, die gesprochene und natürlich unterstützen Gestik und Mimik die Aussagen.

Wir bieten den Lernenden Einzelwörter und Sätze an; Wimmelbilder, Geschichten – auch Gedichte, Lieder oder Sprüche sind gute Ausgangspunkte für das Erlernen (vgl. S. 53/54). Comics stellen eine Einheit von Wort und Bild da – „Asterix" ist immer beliebt. Bilderbücher, die im Kontext von Flucht entstanden sind, wie z. B. das Buch „Bestimmt wird alles gut" von Kirsten Boie, ein sehr ansprechendes und realitätsnahes Buch, können eindrucksvoll sein, aber sind für jene Lernende als Gesprächsanlass kaum geeignet, da sie oft negative Erfahrungen hervorrufen.

Während kleine Kinder Sprache quasi wie von selbst lernen, ist es für ältere Schüler hilfreich, wenn ihnen die Logik und Systematik der Sprache erklärt wird: „ich gehe, du gehst" etc. In der deutschen Sprache gibt es (Stamm-) Morpheme; das ist nicht immer einfach zu verstehen.

Willkürlich erscheint häufig auch die Unterscheidung von maskulin, feminin oder neutral. Deshalb ist es wichtig, dass Begriffe bzw. Wörter immer mit Artikeln versehen werden – dann können sie nebenbei gelernt werden. Auch farbliche Markierungen eignen sich zur Unterscheidung der Artikel.

In der Willkommensklasse sind wir die einzigen Gesprächspartner, die die deutsche Sprache beherrschen. Wir machen den Schülern gezielte Sprachangebote, stellen Zusammenhänge her und weisen sie auf den nächsten Lernschritt hin. Aber sie brauchen auch Peers, andere Kinder und Jugendliche, von denen sie lernen. Die Inklusion in die Regelklasse ist sowohl sprachlich als auch sozial wichtig, da die Peers sie motivieren können und als Identifikationspartner dienen. Dennoch ist es auch in Regelklassen häufig der Lehrer, der ihnen ein reichhaltiges Sprachangebot bieten kann und sollte; er benutzt die Bildungssprache. Weisen Sie die Fachlehrer auf die Bedeutung hin, die ihnen beim Sprachenlernen zukommt: Sie liefern Erklärungen, begründen, bedienen sich unterschiedlicher Satztypen. Sie sind sprachliche Vorbilder für die neu zugewanderten Kinder und Jugendlichen, mehr als Peers, denn bei manchen Jugendlichen kann eher eine „einsilbige" Sprache beobachtet werden, die alles andere als ein reichhaltiges Sprachangebot bietet – aber den sozialen Kontakt kann der Lehrer nicht ersetzen.

Sachsprache – Bildungssprache – Literacy erproben

Sprachlerner können generell mehr verstehen als sprechen. Sie benötigen ein reichhaltiges Sprachangebot. Während wir im Alltag umgangssprachlich sprechen, benötigen Lerner in der Schule die Bildungssprache. Für die neu zugewanderten Kinder und Jugendlichen wird Deutsch ihre Bildungssprache werden. Sie lernen damit quasi zwei Sprachen – die Alltagssprache, die oft von Dialekten geprägt ist, und die Bildungssprache, die sich zudem noch von der Sprache der Schrift (konzeptionelle Schriftlichkeit) unterscheidet, da sie schulische Spezifika enthält (vgl. Brandt/Gogolin 2016, Gogolin/Lange/Reich 2013, Duarte/Gogolin/Siemon 2013).

Wenn Schüler neu in die Willkommensklasse kommen, hören sie viele Redewendungen, die zur Organisation des Unterrichts gehören. Sie sollen sich „zu zweit aufstellen", einen „Sitzkreis" machen, ein Buch „aufschlagen", Federtaschen „auffüllen". Solche Wortkarten hängen wir in die Klasse und verweisen darauf.

Es ist wichtig, dass Sie sich bewusst sind, welche Redewendungen Sie brauchen. Diese gilt es auch, mit den Schülern einzuüben. Wir empfehlen eine Sammlung anzulegen, das sensibilisiert sowohl Lehrer als auch Schüler – und sie bietet sich an, um Vertretungslehrer sensibel für Redewendungen zu machen.

Merkhilfe	Redewendung	Merkhilfe	Redewendung
	ein Buch aufschlagen		durch eine Tür gehen
	ein Mäppchen öffnen		mit dem Nachbarn arbeiten
	einen Sitzkreis bilden		

Buch: © MR; Federmappchen: © dudek;
Sitzkreis: © Monkey Business; Tür: © auris;
Partnerarbeit: © Africa Studio – alle Fotolia.com

In einer Untersuchung zur Unterrichtssprache konnten sprachliche Besonderheiten deutscher Lehrer aufgezeigt werden, die Schüler irritieren können.

- ◐ „Danke" sagen Lehrende häufig nicht, um sich wirklich zu bedanken, sondern als indirekter Ausdruck, um einer Unterrichtshandlung ein Ende zu setzen.

- ◐ Die höfliche Aufforderung „bitte" (z. B. „Liest du das jetzt bitte endlich mal?") schafft zwar eine angenehme Unterrichtsatmosphäre, „macht jedoch manchen Kindern – z. B. Kindern mit Deutsch als Zweitsprache – nicht klar, dass man nicht tun kann, was man will, sondern dass sie verpflichtet sind, die enthaltenden Anweisungen zu befolgen." (vgl. Dehn/Oomen-Welke/Osburg 2012:110 f.)

- ◐ Lehrende reagieren oft auf mittelmäßige Beiträge mit „Klasse!", „Prima!", „Gut!", „Genau!", auch wenn sie keine positive oder lobende Bestätigung geben wollen, sondern schlicht, um zurückzumelden: „Ich habe dich verstanden und es passt". Auch das müssen Kinder erst lernen, dass dies Signale sind, die der kommunikativen Rückkoppelung dienen.

Wer über einen geringen Wortschatz verfügt, kann Probleme haben, auf ihm einen stabilen Sachwortschatz aufzubauen, der schulisches Lernen erleichtert. Fachbegriffe und Homophone können weitere Hindernisse sein: Die „Feder" im Biologieunterricht ist nicht identisch mit jener im Physikunterricht. Warum ist die „Leseratte" kein Tier? Und warum darf man dann zu einem Menschen nicht „Du Ratte!" sagen? (vgl. Gutzmann 2017, Khakpour/Dirim 2016, Osburg 2011, Verboom 2017).

Je spezifischer Schüler in Thematiken eindringen, desto vielfältiger wird ihr Wortschatz: Mit einem „Mund" nimmt der Mensch Nahrung auf; „Maul", „Schnabel" oder „Schnauze" sagt man bei Tieren, es gibt braune und schwarze Haare, aber keine gelben, sondern blonde. Schiffsnamen sind immer weiblich, denn es läuft die „Anton" ein – und warum „läuft sie ein"? Eine „Parabel" gibt es im Deutschunterricht und im Mathematikunterricht. Und warum lachen die Mitschüler, wenn der Lehrer sagt: „Kommt ein Cowboy aus dem Friseursalon und sein Pony ist weg."

Wortbildung und Wortfamilien sind damit ein wichtiger Unterrichtsinhalt und es ist Aufgabe der Schule, sprachliche Kommunikationsmittel über Sachen der Welt allen Kindern, auch jenen mit Fluchterfahrungen, bereitzustellen.

Deutsche Kinder sind häufig im Vorteil, da sie bereits im Kindergarten deutsche Bildungssprache erfahren haben: Blumen werden „eingepflanzt", „umgepflanzt", andere „umgetopft", es gibt „Saatgut", „Keimlinge", „Sprosse",

„Knollen" … und nicht immer ist der Fachwortschatz vom Alltagswortschatz klar abzugrenzen.

Wie können die Schüler Fachsprache erlernen? Im Folgenden zeigen wir an weiteren Beispielen, wie wir es in unserer Willkommensklasse machen. Im Fachunterricht werden die Lernenden andere Zugänge kennenlernen.

Zunächst machen wir Schüler aufmerksam auf die *Alltagssprache, Bildungssprache, Fachsprache* z. B. durch das Sammeln von Begriffen und Redewendungen. Wir weisen sie darauf hin, dass sie Wörter wie „echt scheiße" auf dem Schulhof hören, aber diese nicht im Unterricht verwendet werden. Wir ermutigen sie, zu fragen, welche Wörter sie nicht kennen. Wenn Kinder und Jugendliche noch wenig schreibkompetent sind, sich aber mitteilen wollen, dann sind wir oft Skriptor, d. h., wir schreiben für sie auf, was sie selbst noch nicht verschriften können.

Das sogenannte *diktierende Schreiben* wurde bei Kindern im Vorschulalter von der Erziehungswissenschaftlerin Daniela Merklinger untersucht. Es hat sich als hilfreich erwiesen, um bei Kindern, die nicht lesen und schreiben können, konzeptionelle Schriftlichkeit zu entwickeln, also weg von der Mündlichkeit – hin zur Schriftlichkeit (vgl. Merklinger 2011). Den Kindern wird ein (literarisch bedeutsames) Bilderbuch vorgelesen und ein Skriptor schreibt danach für sie. „Schreibe auf, was dir wichtig ist!", so lautet die Aufgabenstellung. Für Merklinger sind Bilderbücher als Vorgaben wichtig, weil sie Formate enthalten, also Redewendungen oder Formulierungen der geschriebenen Sprache, die Kinder zwar nicht immer übernehmen (sollen), an die sie aber anknüpfen. Es ist erstaunlich, wie die Kinder die Mündlichkeit verlassen und zur Schriftlichkeit wechseln: „Sprich, wie du schreibst!". Der Skriptor schreibt das mit, was sie diktieren.

In unserer Klasse nutzen wir das diktierende Schreiben ebenfalls. Allerdings haben wir keine Bilderbücher, sondern schreiben für die Schüler das auf, was sie sagen oder schreiben möchten, aber noch nicht schreiben können.

Auch wir wollen Schüler auf dem Weg zur Schriftlichkeit begleiten, primär aber auf dem Weg zur Bildungssprache. Deshalb bieten wir ihnen Texte aus ihrer und unserer Lebenswelt an. Wir geben sie ihnen nicht vor, sondern lassen sie zwischen verschiedenen Texten wählen. „Schreibe auf, was dir wichtig ist!" ergänzen wir um: „Schreibe auf, was du über das Thema denkst!".

Dass das diktierende Schreiben zur Erweiterung grammatischer Fähigkeiten sinnvoll sein kann, haben die Erziehungswissenschaftlerinnen Daniela Merklinger und Claudia Osburg in einer Untersuchung gezeigt (vgl. Merklinger/Osburg 2014): Dem korrektiven Feedback kommt dabei eine zentrale Bedeutung zu. Es geht primär um (semantische und grammatikalische) Erweiterungen.

Wenn Merlit diktiert: „Frau mag Blüte.", dann fragen wir nach: „Möchtest du schreiben, die Frau mag die Blüte oder die Blume?", und wir weisen auf die Unterschiede hin: „Das ist eine Blüte, das ist eine Blume!" Am Tablet sind schnell Bilder gefunden, die zur Visualisierung dienen.

Es ist nicht das Ziel, dass die Schüler den Skriptor wenig beanspruchen, aber es ist immer wieder erfreulich und erstaunlich, zu sehen, wenn sie ihn nicht mehr benötigen, weil sie alles selbst schreiben wollen.

Tipps für die Sprachvermittlung

- ○ Das Sprachenlernen wird bei Schulkindern intensiv unterstützt, wenn es auch über das Medium Schrift angeboten wird. Schrift ist gegenständlich und kann analysiert werden.
  Sie ist Merkhilfe und erleichtert das Lernen.

- ○ Der Aufbau einer Sprache kann zwar erklärt werden, aber über das unterstützende Sprechen (viel sprachlicher Input, Gestik, Mimik und auch Schrift) findet der größere Lernfortschritt statt.

- ○ Benennen Sie Gegenstände und Handlungen, Absichten und Gefühle, Handlungen, Gründe und Folgen.

- ○ Schauen Sie den Schüler beim Sprechen an.

- ○ Sprechen Sie deutlich und langsam.

- ○ Treten Sie in einen Dialog.

- ○ Wiederholen Sie im Sinne der Techniken des korrektiven Feedbacks die Äußerungen („Frau kam mit das Hund." – „Ja, die Frau kam mit dem Hund.")

- ○ Sprechen Sie den Schüler mit Namen an.

- ○ Adressieren Sie die Sprache direkt an ihn.

- ○ Zeigen Sie ihm, dass er wichtig ist, dass Sie ihn meinen.

- ○ Verwenden Sie sprachliche Routinen, gerade zum Einstieg in die Stunde. Wiederholen Sie Phrasen, bauen Sie sie fest in den Unterricht ein.

- ○ Lassen Sie Lernende erzählen.

- ○ Portfolios, Schatzkisten mit Lieblingswörtern können Lernprozesse dokumentieren.

Regeln und Absprachen eines friedlichen Miteinanders

In einer Willkommensklasse treffen verschiedene Nationalitäten, Kulturen und Sprachen aufeinander. Auch wenn wir als Lehrkräfte der Meinung sind, viel über die Konflikte in Syrien, dem Irak oder Afghanistan zu wissen, müssen wir doch feststellen, dass die Schüler aus der Realität dieser Konflikte kommen und dass der Umgang damit weitaus komplexer ist, als es in der Theorie scheinen mag. Oft reicht unser eigener Erfahrungsschatz nämlich nicht aus, um die Erlebnisse der Schüler in ihrem Heimatland, aber auch auf der Flucht nachzuvollziehen.

Auch kommen die Schüler aus völlig unterschiedlichen Schulsystemen, in denen Regeln häufig noch mit Strafen durchgesetzt werden, die wir weder als angemessen noch als zielführend erachten. Neben dem Umgang mit der Heterogenität im Sprachunterricht ist auch die Herstellung eines ausgewogenen und lernfördernden Klassenklimas eine herausfordernde Aufgabe für die Lehrkräfte in einer Willkommensklasse. Vorschläge, wie Sie – trotz aller kulturellen und biografisch bedingten Unterschiede – ein solches Klima herstellen können, möchten wir Ihnen in diesem Kapitel unterbreiten.

Die Schulpflicht

In einem Elterngespräch, das wir vor Kurzem mit einem Vater aus dem Iran geführt haben, wird deutlich, dass es sehr unterschiedliche Einstellungen zur Relevanz eines regelmäßigen Schulbesuchs geben kann. Es ging in diesem Gespräch darum, dass der betroffene Schüler häufig im Unterricht einfach aufgestanden ist und die Klasse verlassen hat, um auf die Toilette zu gehen, mit dem Ergebnis, dass er danach nicht wieder zurück in den Unterricht gekommen ist. Der Vater erklärte uns das Verhalten seines Sohnes damit, dass es im Iran den Lehrer in den höheren Jahrgängen nicht interessiere, wenn der Schüler die Klasse verlasse, da es ja die Angelegenheit des Schülers sei, ob er dem Unterricht folgen wolle oder einen anderen Zeitvertreib vorziehe. Es sei ja jeder selbst dafür verantwortlich, ob er am Ende einen Abschluss bekomme oder eben nicht. In vielen Ländern, aus denen die Schüler der Willkommensklasse kommen, gibt es keine Schulpflicht oder nur eine Schulpflicht, die für Kinder im Alter von sechs bis zehn Jahren besteht. Dies ist die Ursache dafür, dass auch die Erziehungsberechtigten häufig eine andere Sicht auf die Schule, die Anwesenheitspflicht und auf die Teilhabe in der Schule haben. Mehreren Eltern sind die Konsequenzen eines häufigen unentschuldigten Fehlens nicht bekannt.

Da es in diesem Punkt bei einigen Familien zu Fragen und Unstimmigkeiten gekommen ist, haben wir beschlossen, ein allgemeines Papier mit den wichtigsten Informationen zur Schulpflicht zu entwerfen. Dieses Papier haben wir ins Arabische und Englische übersetzen lassen (vgl. S. 118–121), damit die Familien auch tatsächlich verstehen, wie die Rahmenbedingungen des Schulbesuchs in Deutschland aussehen. Vermutlich passen nicht alle Punkte zu Ihrem Bundesland oder Ihrer Schule. Vielleicht finden Sie durch das Beispiel aber dennoch einige Anregungen für ein eigenes Papier.

Wichtige Informationen zur Schulpflicht

Liebe Erziehungsberechtigte der Schülerinnen und Schüler der Sprachlernklasse,

nachfolgend möchten wir Sie über die in Deutschland geltende Schulpflicht informieren. Bitte lesen Sie sich diese Informationen gut durch, da in Deutschland bezüglich des Schulbesuchs eventuell andere Bestimmungen gelten als in Ihrem Heimatland.

Grundsätzliches
- In Deutschland gilt eine Schulpflicht. Das bedeutet, dass jedes Kind ab dem sechsten Lebensjahr <u>täglich zur Schule gehen muss</u>.
- Die Schule ist verpflichtet, Fehlzeiten (entschuldigt und unentschuldigt) zu dokumentieren und somit die Einhaltung der Schulpflicht zu überwachen.

Fehlen aufgrund von Krankheit oder wichtigen Behördengängen
- Sollte eine Schülerin/ein Schüler einmal krank sein, muss nach dem Fehlen eine Entschuldigung der Eltern vorgezeigt werden. Im Anhang dieses Briefes finden Sie ein Formular dafür (vgl. S. 88, 124/125). Erscheint eine Schülerin/ein Schüler nicht zum Unterricht und zeigt keine Entschuldigung für die entstandenen Fehlzeiten vor, gilt das Fehlen als unentschuldigt.
- Kommt es zu sehr häufigen Fehlzeiten (entschuldigt sowie unentschuldigt), wird der Schülerin/dem Schüler eine Attestpflicht auferlegt. Das bedeutet, dass für jedes Fehlen ein Attest vom Arzt vorgezeigt werden muss.

○ Kommt es daraufhin zu weiteren unentschuldigten Fehlzeiten, sind die Lehrkräfte verpflichtet, dieses Fehlen bei der Behörde als eine Verletzung der Schulpflicht anzuzeigen. <u>Diese Anzeige kann zu einem Bußgeld führen.</u>

Sonderfall: Ruhen der Schulpflicht

Auf Antrag kann die Schulpflicht ruhen

○ <u>zum Besuch eines Sprachkurses bei nicht ausreichenden Deutschkenntnissen,</u>

○ zur Kindererziehung nach Ablauf der gesetzlichen Mutterschutzfristen bei schulpflichtigen Müttern,

○ zum Besuch eines besonderen außerschulischen Bildungsganges (z.B. vorzeitiger Besuch einer Hochschule bei besonderer einseitiger Begabung). *Sollten Sie Fragen zu diesem Punkt haben, wenden Sie sich bitte an die Klassenlehrer der Willkommensklasse oder das Sekretariat.*

Sonderfall: Beurlaubungen

○ Beurlaubungen vom Schulbesuch von bis zu drei Monaten werden von der Schulleitung entschieden. Dazu muss ein Antrag durch die Eltern erfolgen. Wenden Sie sich dazu bitte an die Klassenlehrer der Sprachlernklasse oder das Sekretariat.

○ Die Schulleitung muss frühzeitig über ein längeres Fernbleiben vom Unterricht informiert werden und entscheidet dann über eine Genehmigung der Beurlaubung.

○ Wird die Beurlaubung nicht genehmigt, gelten die Fehltage als unentschuldigt.

Sollten Sie weitere Fragen haben, können Sie sich jederzeit an uns wenden, z.B. unter unserer E-Mail-Adresse:

....

Mit freundlichen Grüßen

....

Die Klassenlehrer der Willkommensklasse

Krankheit und Entschuldigungen

Im Zusammenhang mit den Informationen zur Schulpflicht haben wir begonnen, einen Vordruck für Entschuldigungen auszugeben. Uns war zunächst nicht
bewusst, dass viele Erziehungsberechtigte nicht wussten, dass oder wie sie ihre
Kinder entschuldigen müssen, sollten diese aufgrund von Krankheit oder einem
Behördenbesuch in der Schule fehlen.

Grundsätzlich haben wir in der Willkommensklasse kein Problem mit hohen
Fehlzeiten der Schüler. Die Schüler kommen regelmäßig und gern, häufig auch,
obwohl sie krank sind. Schüler berichteten uns kürzlich, dass man im Irak „auch
wenn man stirbt" noch zur Schule kommen müsse, da man sonst vom Lehrer
bestraft werde.

Es ist wichtig, den Schülern, aber auch den Eltern, zu sagen, dass man zu Hause
bleiben darf, wenn man krank ist. Um die Eltern darüber noch einmal offiziell
zu informieren, haben wir auch hier einen Elternbrief verfasst. Auf S. 122/123
finden Sie diesen Brief auch in Übersetzung.

Krankheiten

Liebe Eltern der Willkommensklasse,

wir haben in letzter Zeit beobachtet, dass Kinder aus unserer Klasse
in die Schule gekommen sind, obwohl sie offensichtlich krank waren.
Natürlich dürfen Sie selbst entscheiden, ob und wann Ihre Kinder wegen
Krankheit zu Hause bleiben. Und wir sind auch der Meinung, dass man
mit einem kleinen Schnupfen ruhig in die Schule kommen sollte!
Trotzdem möchten wir Sie darauf hinweisen, dass es für alle – das kranke
Kind und auch seine Mitschüler – besser ist, wenn Ihre Kinder zu Hause
bleiben, wenn Sie z. B. Fieber, starken Husten oder Durchfall haben.
So kann Ihr Kind sich ausruhen und wird schneller wieder gesund und
andere stecken sich nicht an. Solange Sie Ihr Kind für diese Zeiten entschuldigen, hat es auch keinen Nachteil davon.
Bitte beachten Sie auch, dass einige Krankheiten – wie z. B. Windpocken
– im Sekretariat telefonisch gemeldet werden müssen. Ihr Hausarzt weiß
darüber Bescheid. Sollte es Unklarheiten geben, fragen Sie ihn bitte
danach.

Herzliche Grüße

....

Die Klassenlehrer der Willkommensklasse

Um den Eltern das Schreiben der Entschuldigung zu erleichtern, haben wir folgende Vorlage ausgegeben, die gern und häufig genutzt wird. Übersetzungen finden Sie auf S. 124/125.

Entschuldigung

Ich möchte ....
(Name der Schülerin/des Schülers)

für die Zeit vom .... bis zum
(erster Fehltag)

.... entschuldigen.
(letzter Fehltag)

Grund: ....

....

....

....
Unterschrift des/der Erziehungsberechtigten   Datum

Probleme, die hohe Fehlzeiten oder gar Schulabstinenz betreffen, beginnen meist erst, wenn die Schüler ganz in die Regelklasse übergehen sollen. Hier haben wir beobachtet, dass viele Schüler eine Art Vermeidungshaltung entwickeln (vgl. S. 52). Es ist wichtig, auch in diesem Punkt dafür sensibel zu sein und als Willkommensklassenlehrer ein Ansprechpartner für die Schüler zu bleiben. Häufig bauen die Schüler zunächst zur Willkommensklassenlehrkraft ein engeres Vertrauensverhältnis auf als zur Regelklassenlehrkraft und können dementsprechend leichter mit ihr über die Probleme reden, die sich aus dem Wechsel ergeben haben.

Regeln im Unterricht

Bei aller Sensibilität, die Sie den Schülern entgegenbringen sollten, erfordert eine derart heterogene und zu Teilen auch verunsicherte Gruppe klare Regeln und Strukturen für den Unterricht. Es gibt daher Regeln, auf deren Einhaltung Sie unbedingt achten sollten, da diese in den meisten Klassen gelten und die Einhaltung dieser Regeln auch für Schüler der Willkommensklasse nachvollziehbar und tragbar ist. Bei einigen wenigen Regeln sollten Sie dennoch nachsichtig sein.

Vor allem im Kontext einer möglichen Traumatisierung sollten Sie die Schüler nie in ihren existenziellen Bedürfnissen beschneiden. Wägen Sie aber dennoch ab, denn Sie erkennen sicher, ob jemand Ihre Nachsichtigkeit ausnutzt.

Das sollten Sie verbindlich regeln!

- Das Fehlen im Unterricht erfolgt nur mit Entschuldigung der Erziehungsberechtigten.
- Pünktliches Erscheinen zum Unterricht ist Pflicht.
- Zur Unterrichtsstunde sollte jeder Schüler Schreibutensilien und sein Vokabelheft dabeihaben.
- Es sollte Ordnung in den Lernmaterialien gehalten werden.
- Das Handy wird im Unterricht nur für Übersetzungen genutzt.
- Wenn einer spricht, hören die anderen zu.
- Im Klassenzimmer und in der Schule wird ein respektvolles Miteinander gelebt. Das bedeutet konkret: keine Beleidigungen, keine Gewalt und ein höflicher Umgangston.

Regelplakate

Eine Herausforderung in der Arbeit der Willkommensklasse ist es, dass sowohl die Lehrkräfte als auch die einzelnen Schüler mit unterschiedlichen Erwartungen in den Unterricht gehen. Dazu kommt, dass man auch die Erwartungshaltung des jeweils anderen nicht oder kaum einschätzen kann, da man sich eben auf bisher unbekanntes Terrain begibt. Das gilt beim Kennenlernen jeder neuen Lerngruppe, aber besonders in den Willkommensklassen.

Um deutlich zu machen, was wir von den Schülern erwarten, haben wir deshalb Regelplakate entworfen. Besonders daran war, dass wir den Schülern die Regeln nicht einfach vorgesetzt haben, sondern dass wir sie erwünschtes und unerwünschtes Verhalten nachstellen lassen haben. Von diesen Standbildern haben wir dann Fotos gemacht und diese anschließend ausgedruckt und mit der jeweiligen Regel versehen. So war nicht nur sichergestellt, dass die Schüler die Regeln auch verstehen, sondern wir haben dazu auch wunderbares Bildmaterial zur Gestaltung des Klassenraumes bekommen. So kann immer wieder auf die Regeln verwiesen werden und niemand erlaubt sich die Ausrede: „Das hatte ich so nicht verstanden!" oder „Das wusste ich nicht!".

Wir halten unseren Platz und unseren Klassenraum ordentlich und sauber.

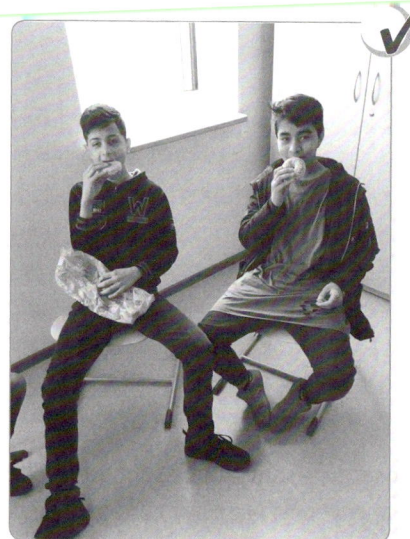

Wir essen nur in der Pause.

Interkulturelle Elternarbeit

Der Einbezug der Erziehungsberechtigten ist unabdingbar – dies gilt generell, aber v. a. in der Willkommensklasse. Der Umgang mit Erziehungsberechtigten aus einer anderen Kultur kann kompliziert sein – muss es aber nicht. Auch hier gilt es, in erster Linie flexibel und offen für andere Blickweisen auf Schule, aber auch auf den Umgang mit Lehrpersonen zu sein. Das, was wir am häufigsten im Umgang mit Erziehungsberechtigten der Willkommensklassen erfahren, ist tatsächlich Dankbarkeit. Viele Eltern sind dankbar, dass sie ihre Kinder nun in einem geschützten Umfeld aufwachsen lassen können, dass Bildung in Deutschland nichts kostet und dass ihre Kinder zunächst fokussiert die deutsche Sprache lernen.

Dies ändert sich manchmal, wenn die Kinder nicht so schnell die deutsche Sprache lernen, wie die Eltern sich das vorgestellt haben. Ein Vater beschwerte sich, weil seine Kinder in der Gruppe der Willkommensklasse – in der es eben auch nicht alphabetisierte Schüler gibt – nicht genug gefördert würden. Dies ist aus unserer Erfahrung aber eher die Ausnahme. Dennoch: Nehmen Sie die Kritik der Eltern an und versichern Sie, dass Sie Ihr Möglichstes tun, um alle Schüler ihren individuellen Bedürfnissen nach zu beschulen. Machen Sie aber deutlich, dass Sie differenziert unterrichten und dass alle Schüler ein Anrecht haben, zu lernen.

Einen Elternabend für die Eltern einer Willkommensklasse zu planen, erfordert eine gründliche Vorbereitung. Wenn Sie bereits über ein gut ausgebautes „Dolmetscher-Netzwerk" verfügen, können Sie sich bereits die Einladung für den Elternabend übersetzen lassen (vgl. S. 126/127). Wir haben allerdings die Erfahrung gemacht, dass auch eine in deutscher Sprache verfasste Einladung von vielen Eltern verstanden wird. Zudem haben viele Familien Kontakt zu ehrenamtlichen Helfern, die ihnen bei der Übersetzung helfen können. Machen Sie den Schülern deutlich, dass die Einladung ein sehr bedeutsamer Brief für ihre Eltern ist. Es ist wichtig, dass die Eltern erscheinen.

Legen Sie auf jeden Fall einen Rücklaufzettel bei. Generell ist es hilfreich (nicht nur in Willkommensklassen), sich zu versichern, ob alle Eltern alphabetisiert sind. Das ist nicht immer selbstverständlich und aufgrund der cleveren Kompensationsstrategien jener Eltern nicht immer einfach herauszubekommen. Bei unseren – sehr gut besuchten – Elternabenden hat sich gezeigt, dass die Eltern ein reges Interesse an der Arbeit in der Willkommensklasse haben. Sie sollten bei Ausgabe der Einladung unbedingt erwähnen, dass die Eltern ihre Kinder (ggf. auch Geschwisterkinder) mitbringen können, falls beide Elternteile teilnehmen wollen und sie keine Betreuungsmöglichkeit haben.

Elternabend

Liebe Eltern und Verwandte der Schülerinnen und Schüler der Willkommensklasse,

wir möchten Sie gerne zu einem Elternabend einladen.

Der Elternabend findet **am** .... **um** .... Uhr

in Raum .... statt.

An diesem Abend würden wir Sie gern kennenlernen, über die Arbeit

in der Willkommensklasse informieren und über die schulischen und

beruflichen Perspektiven Ihrer Kinder sprechen.

Um eine bessere Kommunikation zu ermöglichen, werden wir

versuchen, für jede Sprache, die in der Willkommensklasse vertreten

ist, auch einen Dolmetscher einzuladen.

Wir freuen uns sehr, Sie am .... in der Schule

begrüßen zu dürfen.

Herzliche Grüße

....

Die Klassenlehrer der Willkommensklasse

✂ ---

☐ Ich nehme teil.

☐ Ich nehme leider nicht teil.

....

Unterschrift des/der Erziehungsberechtigten

Für den Elternabend ist es von Vorteil, wenn Sie für jede Sprache, die von den Eltern der Schüler der Klasse gesprochen wird, einen Dolmetscher organisieren, schön wäre es auch, wenn jede Einladung, später auch mithilfe der Schüler, in die Zielsprache übersetzt werden könnte. Einige Vorlagen finden Sie auf S. 126/127.

Da Sie an diesem Abend viele Eltern auf einmal erreichen können und gerade die neu zugezogenen Eltern noch viele Informationen benötigen, sollten die sprachlichen Barrieren so niedrig wie möglich sein. Wir gestalten die Raumordnung an Elternabenden so, dass wir einheitliche „Sprachentische" bilden, an denen dann jeweils ein oder zwei Dolmetscher sitzen.
Wir sprechen dann mit den Dolmetschern ab, dass wir zunächst einmal reden und dann nach ein bis zwei Minuten eine Pause machen, in der jeder Dolmetscher in seine Sprache übersetzt. Für die Dolmetscher sind außerdem Themenblöcke, unterteilt in kleine Abschnitte, hilfreich.
Bei unseren Elternabenden hat es sich bewährt, zunächst einmal allgemein über die Willkommensklasse, das Konzept und die Lehrkräfte zu informieren und dann, wie bei einem „klassischen Elternabend", auf spezifische Themen, wie z. B. besondere Veranstaltungen, Ausflüge, Prüfungen und Vorkommnisse in der Klasse einzugehen. Manchmal kann es auch sinnvoll sein, Fotos zu zeigen. So können sich die Eltern die Situation gut vorstellen und solche Fotos können Freude versprühen.
Ermutigen Sie Eltern, Fragen zu stellen, schaffen Sie dafür eine gute Atmosphäre. Häufig haben sich bereits in der ersten Zeit viele Fragen bei den Eltern angesammelt. Diese Prozedur dauert einige Zeit, hat aber für beide Seiten – Eltern und Lehrkräfte – einen hohen Mehrwert.

Viele Eltern sind am individuellen Leistungsstand ihrer Kinder interessiert. Verweisen Sie hier auf den Elternsprechtag und versuchen Sie, auch für diesen Tag Dolmetscher zu organisieren, da eine so detaillierte Besprechung sonst wenig Sinn hat. Sie sollten außerdem darauf achten, auch den Regelklassenlehrer des jeweiligen Schülers zum Gespräch einzuladen. Denn aus der Regelklasse gibt es oft noch einmal andere Dinge zu berichten, die für die Eltern ebenso wichtig sind und die auch die weitere Schullaufbahn des Schülers betreffen.
Zusammenfassend lohnt es sich also, die Augen stets nach guten und verlässlichen Dolmetschern offen zu halten und sich nach und nach eine kleine Kartei zusammenzustellen. Sie sollten hierfür allerdings nur im Notfall auf Schüler zurückgreifen. Teilweise geht es in Elterngesprächen um sehr sensible Themenbereiche, die nicht unbedingt von Schülern gedolmetscht werden sollten. Dies ist dann für den Schüler unangenehm, um den es geht, aber auch für den übersetzenden Schüler.

Checkliste Elternarbeit

Elternabend

- Versuchen Sie, die Eltern so früh wie möglich kennenzulernen.
- Geben Sie den Eltern zügig eine Telefonnummer oder E-Mail-Adresse
  – es reicht auch die des Schulsekretariats – über die Sie für wichtige
  Fragen zu erreichen sind.
- Laden Sie frühzeitig zu Elternabenden ein und schreiben Sie
  dazu eine einfache und verständliche Einladung.
- Geben Sie unbedingt einen Rücklaufzettel mit aus, um die
  Verbindlichkeit des Termins zu unterstreichen.
- Machen Sie deutlich, dass die Anfangszeit des Elternabends
  eine verbindliche Zeit ist.
- Kümmern Sie sich frühzeitig um ausreichend Dolmetscher für
  möglichst alle Sprachen, die vertreten sind. Eine funktionierende
  Kommunikation ist maßgeblich für den Erfolg des Elternabends.
- Ermutigen Sie die Eltern, auch freiwillige Helfer, die die Familie
  unterstützen, mitzubringen.

Elternsprechtag

- Bieten Sie beim Elternsprechtag unbedingt auch Sprechzeiten für
  die Willkommensklasse an – es gibt häufig großen Gesprächsbedarf
  seitens der Eltern.
- Da die Rücklaufzettel für den Elternsprechtag oftmals recht kompliziert sind, schreiben Sie für die Willkommensklasse eine eigene
  Einladung zum Elternsprechtag, in der *Sie* einen Termin vorschlagen.
- Laden Sie zum Elternsprechtag, wenn möglich, auch den Regelklassenlehrer oder eine Fachlehrkraft ein.

Austausch mit anderen Eltern

- Regen Sie auch den Austausch mit deutschen Eltern an. Dazu kann
  es hilfreich sein, sich mit dem Schulelternrat in Verbindung zu setzen.
- Vielleicht gelingt es Ihnen ja, ein „Internationales Elterncafé" o. Ä. ins
  Leben zu rufen. Aber achten Sie auch hier darauf, dass Sie die Arbeit
  in kompetente Hände – wie etwa die interessierter Eltern – abgeben
  und nicht den Anspruch haben, alles selbst zu organisieren.

Bleistift: © fotomek – Fotolia.com

Umgang mit Traumatisierungen

Aufgrund der aktuellen weltpolitischen Lage haben viele Schüler einer Willkommensklasse Fluchterfahrungen und sind traumatisiert, was bei ihnen eine
enorme Belastung hervorruft. Ein Trauma ist „ein Ereignis oder eine Situation
außergewöhnlicher Bedrohung oder katastrophenartigen Ausmaßes (kurz oder
lang anhaltend), die bei fast jedem eine tiefe Verzweiflung hervorrufen würde"
(Dilling/Mombour/Schmidt 2008:185). Die Gründe für Traumata sind vielfältig
und komplex. Bei Kindern mit Fluchterfahrung geht man davon aus, dass
es sich nicht um ein singuläres Ereignis handelt, sondern um einen Prozess
(sequentielle Traumatisierung), der durch Ereignisse vor (z. B. Krieg und Ver-
treibung), während (z. B. lebensgefährliche Fluchtrouten, psychische, physische
und sexualisierte Gewalt) und nach der Flucht (z. B. unklarer Asylstatus, Kon-
frontation mit Fremdenfeindlichkeit) entstehen kann (vgl. Metzner/Mogik
2016:49). Die Auswirkungen solcher Traumatisierungen sind äußerst vielschich-
tig, als klassische Symptome werden Übererregtheit, erhöhte Reizbarkeit,
Vermeidungsverhalten, Desinteresse, Flashbacks (plötzlich zurückkehrende
Erinnerungen), Depressionen, Drogenmissbrauch, Dissoziationen oder emotionale Abgestumpftheit beschrieben (vgl. Dilling/Mombour/Schmidt 2008:184,
Metzner/Mogik 2016:51f.). Einige Schüler sind in der Schule besonders müde.
Nachts schlafen sie kaum, hören noch Bomben oder erinnern sich an andere
weitaus furchtbarere Sachen, die für uns kaum vorstellbar sind. Dabei ist jedoch
zu beachten, dass Kinder, je nach ihrem Entwicklungsstand, äußerst unterschiedlich reagieren: „Manche Kinder zeigen sich […] unerwartet fröhlich,
unbekümmert und angepasst, andere wiederum ziehen sich zurück, sind un-
ruhig und weisen Konzentrationsprobleme auf" (UNHCR 2016:20).

Was Sie sich im schulischen Alltag immer wieder vor Augen führen sollten, ist,
dass Kinder und Jugendliche mit Fluchterfahrungen mit Anforderungen und
Problemen konfrontiert sind, die in Deutschland aufgewachsene Gleichaltrige
nicht bewältigen müssen und die oftmals auch außerhalb der Erfahrungs- und
Vorstellungswelt von Lehrern liegt. So stellen z. B. der Spracherwerb und das
Asylverfahren eine enorme Belastung dar. Dies kann in Kombination mit Symp-
tomen eines Traumas die Integration in die neue Umgebung zusätzlich erschweren (vgl. Metzner/Mogik 2016:55).

Der Umgang mit Traumata ist ein hochsensibles Thema – und uns wurde in
Fortbildungen eines ganz besonders deutlich: Ein vertieftes Wissen und Verständnis über die individuellen Verfassungen der Schüler können bereits helfen,
den Weg für die Kinder zu ebnen. Eine psychologische Betreuung können und
sollten wir aber nicht leisten (vgl. Zimmermann 2016).

Umgang mit Traumatisierung, das hilft im Alltag:

- Lehrer sind keine Traumapädagogen. Das heißt einerseits, dass Sie keine Traumata heilen können, aber auch, dass Sie gut darauf achtgeben müssen, das, was Sie im Schulalltag erleben und was Schüler Ihnen anvertrauen, gut zu verarbeiten. Hier helfen z. B. Gespräche mit Kollegen und Freunden sowie ggf. Mediation und Sport. Innere Distanz macht handlungsfähig und erhält Sie gesund.

- Vermeiden Sie, die Schüler nach ihrer Vergangenheit auszufragen oder sogar vor der Klasse von ihrer Flucht erzählen zu lassen.

- Fortbildungen für Sie und das Kollegium machen Sie zwar nicht zu Traumatherapeuten, geben aber Sicherheit im schulischen Umgang mit traumatisierten Kindern und Jugendlichen.

- Bewahren Sie Ruhe und Humor und gestehen Sie sich ein, nicht immer perfekt zu reagieren – auch Lehrer sind nur Menschen.

- Versuchen Sie, die Willkommensklasse und das schulische Umfeld eines traumatisierten Kindes als sicheren und stabilen Ort zu gestalten. Dazu gehören z. B. transparente Abläufe und Regeln, Achtsamkeit im Umgang miteinander und feste Ansprechpartner. Versuchen Sie, ihr Lehrerhandeln so transparent und zuverlässig wie möglich zu gestalten, um so eine vertrauensvolle Beziehung zu ihren Schülern aufzubauen.

- Das Einhalten von Regeln ist oftmals ein schmaler Grat zwischen Konsequenz und Sensibilität. So ist es z. B. für einige Kinder wichtig, ihre Jacke im Unterricht anzubehalten, da sie innerlich noch auf der Flucht sind.

- Informieren Sie sich über außerschulische Hilfsangebote für traumatisierte Kinder und Jugendliche, an die Sie betroffene Schüler ggf. weiterleiten können.

- Haben Sie Geduld mit sich und Ihren Schülern. Die Eingewöhnung in das deutsche Schulsystem, der Spracherwerb und die Integration in die Regelklasse funktionieren nicht nach einem festen Schema. Manchmal geht es in Riesenschritten voran und manchmal hat man das Gefühl, auf der Stelle zu treten und gegen Windmühlen zu kämpfen.

- Sensibilisieren Sie auch Ihre Kollegen, die nicht immer mit dieser Klientel arbeiten, für die Probleme Ihrer Schüler. Die Folgen einer Traumatisierung bestimmen nicht nur den Unterricht in der Willkommensklasse, sondern können auch den normalen schulischen Alltag beeinflussen.

3

Übergehen und bleiben

Übergang in die Regelklasse

Der Übergang in eine Regelklasse ist ein wichtiger und sensibler Moment in der Schullaufbahn von Schülern der Willkommensklasse, der sowohl den Lehrkräften der Willkommensklasse als auch den Lehrkräften der Regelklassen Organisationstalent und pädagogisches Geschick abverlangt.

Wir haben beobachtet, dass sich bei der Integration von Schülern der Willkommensklasse in eine Regelklasse häufig folgendes Muster wiederholt: Zunächst einmal freuen sich die Schüler der Willkommensklasse auf ihre neue Klasse und auch die Schüler der Regelklasse sind neugierig und gespannt auf den Neuzuwachs. Nach einiger Zeit kehrt jedoch Ernüchterung ein: Bei den Sprachlernschülern auf der einen Seite, weil sie dem Unterricht vielleicht doch noch nicht so gut folgen können wie erhofft und die Lehrer und Mitschüler nicht immer Zeit haben, ihnen zu helfen. Die Schüler der Regelklasse auf der anderen Seite erleben es oftmals als frustrierend, dass die Kommunikation aufgrund der Sprachbarriere mitunter sehr mühsam ist und der Schüler der Willkommensklasse zunächst oft einmal schüchtern und verschlossen ist, da ihn die Situation überfordert.

Auch für die Lehrkräfte der Regelklasse kann die Integration eines Willkommensklassenschülers eine Anstrengung darstellen, die schnell ein Gefühl der Überforderung auslöst, da auch die Regelklassen oftmals sehr heterogen und auch andere Schüler betreuungsintensiv sind.

Bis zu einem gewissen Grad sind diese Ernüchterungserscheinungen ein ganz normaler Nebeneffekt der schulischen Integration von Willkommensklassenschülern. Im Schulalltag sollten deshalb Strukturen der Organisation und Unterstützung für Schüler und Lehrer geschaffen werden, die auch dann tragen, wenn die anfängliche Neugier und Begeisterung nachlässt, damit sich ein kleines Motivationstief nicht verfestigt und zu dauerhafter Frustration und gegenseitigem Unverständnis führt.

Als Lehrkraft einer Willkommensklasse können Sie z. B. einen Leitfaden für die Kollegen herausgeben, im Rahmen von Sprechstunden regelmäßig und zuverlässig für Fragen und Probleme der Kollegen zur Verfügung stehen und die Schüler der Willkommensklasse auch im Rahmen Ihres Unterrichts auf den Unterricht in den Regelklassen vorbereiten.

Ein Interview Der schrittweise Übergang von Schülern aus Willkommensklassen in Regelklassen aus Schülersicht

Frederike Kolbow **F.K.** *, Masterstudentin an der Universität Hamburg, Fakultät Erziehungswissenschaft, im Gespräch mit* **Claudia Osburg** **C.O.**

C.O. Frau Kolbow[10], die Beschulung in separaten Sprachlernklassen findet ab Klasse 5 in allen Bundesländern statt, wenngleich sich die Modelle unterscheiden. Nach dem Besuch jener Vorbereitungsklassen sollen die Schüler schrittweise in die Regelklassen integriert werden. Wie dies gelingen kann, wird häufig aus Perspektive der Schule betrachtet. Sie aber haben mit den primär Betroffenen gesprochen, mit Schülern aus Klasse 6 und 7.

F.K. Ja, mir ging es darum, aus Sicht der Schüler zu erfahren, wie der Übergang erlebt wird, welche Chancen und Hindernisse sie wahrnehmen, und dann zu schauen, wie der Übergang ggf. anders gestaltet werden könnte. Viele Diskussionen erfolgen ohne die Beteiligten. Natürlich ist das der erste Schritt, aber inzwischen haben viele Übergänge stattgefunden und die Schülerperspektive ist noch unzureichend untersucht worden.

C.O. In Ihrer Arbeit betonen Sie die Besonderheit des Übergangs.

F.K. Die Kinder und Jugendlichen haben viel erlebt, sie gehen von einem Land in andere Länder, von einer Schule zur anderen und haben bereits einen langen Weg hinter sich, bevor sie hier ankommen. Der Übergang ist insofern besonders, da sie sprachliche und kulturelle Herausforderungen zu meistern haben. Sie leben parallel aber immer noch in zwei Welten: Auf der einen Seite in der neuen Umgebung, auf der anderen in ihrer Familie, in der ihre Erstsprache und Kultur gegenwärtig ist.

C.O. Im Grundschulbereich sind die Formen der Übergänge vielfältiger. Da jüngere Kinder oft schneller Sprachen lernen, werden sie in einigen Bundesländern sofort in Regelklassen eingeschult. Manche der Kinder meistern dies großartig, andere verweigern das Sprechen ganz oder entwickeln einen selektiven Mutismus, d. h., sie sprechen z. B. nur mit ihrer Familie – aber verweigern das Sprechen in der Schule komplett.

---

[10] Frederike Kolbow führte gemeinsam mit Julia Hensel Interviews mit den Schülern durch, um aus deren Sicht zu erfahren, wie der Übergang von Willkommensklassenschülern in Regelklassen erlebt wird. Ihre Studie (Kolbow 2017) ist im Rahmen eines Forschungsseminars unter der Leitung von Prof. Dr. Claudia Osburg entstanden.

F.K. Wenn Schüler einen selektiven Mutismus entwickeln, deutet dieses häufig auf Überforderung hin. Für ältere Schüler, so habe ich es wahrgenommen, ist die Bedeutung des Sprachenlernens enorm. Sie wissen, dass das ihre einzige Chance ist, wenn sie hier eine neue Heimat finden wollen. Wenn sie aber hier noch nicht wirklich angekommen sind, dann ist die Integration eine wirkliche Herausforderung. Aber auch hier ist der Übergang eben wichtig, damit sie keinen Mutismus oder anderes entwickeln.

C.O. In Ihrer Arbeit geben Sie Einblick in die Perspektiven von drei Schülern. Mögen Sie sie uns kurz vorstellen?

F.K. Alle Schüler, die ich interviewt habe, haben bereits zwei DaZ-Klassen-übergänge hinter sich. Da es an der Schule noch keine solche Klasse gab, wurden sie zunächst in einer anderen Schule in einer DaZ-Klasse beschult und wechselten dann. Inzwischen fungiert ihre Schule als DaZ-Schule. Konkret bedeutet dieses, dass hier nicht nur Willkommensklassen angesiedelt sind, sondern Beratungen jeglicher Art stattfinden. Das ist natürlich eine tolle und besondere Situation.
An der Schule haben die Schüler alle die Basisstufe besucht, also eine Vollzeit-beschulung in der DaZ-Klasse, dann nahmen sie in einzelnen Fächern am Regelunterricht teil und schließlich am gesamten Regelunterricht – allerdings erhalten sie immer noch zwei DaZ-Stunden pro Woche.
Eine interviewte Schülerin, ich nenne sie mal Fatma, kam im Frühjahr 2015 mit geringen Deutschkenntnissen aus dem Iran nach Deutschland. Sie ist 13 Jahre alt und besucht die 7. Klasse.
Natascha ist in Polen geboren und 14 Jahre alt. Sie besucht ebenfalls die 7. Klasse. Ihr Vater, der hier Arbeit gefunden hat, holte die Familie nach. Auch sie sprach bereits etwas Deutsch.
Der 13-jährige Dima aus Mazedonien migrierte Ende 2015 ohne sprachliche Vorkenntnisse nach Deutschland, nun besucht er hier die 6. Klasse.

C.O. Subjektive Wahrnehmungen zu erforschen, ist nicht leicht. Was waren Schwierigkeiten?

F.K. Zunächst einmal gab es natürlich die sprachliche Hürde. Auch wenn die Kinder sich inzwischen auf Deutsch verständigen können, gibt es noch viel zu lernen. Zum anderen wollten wir auf ihre Erfahrungen und Gefühle hinaus. Fragen, die auf Gefühlsbeschreibungen abzielen, sind selbst für Erwachsene eine Herausforderung. Und es sollte auch kein Ausfragen sein. Aber durch gezielte Fragetechniken haben wir viel erfahren können.

C.O. Ihre ersten Fragen galten der DaZ- bzw. Sprachlernklasse.

F. K. Ja. Zunächst einmal äußerten sich alle Schüler positiv zu den Sprach-lernklassen. Sie hätten dort gut Deutsch lernen können, sagte Natascha, und seien, so Fatma, gut auf den Regelunterricht vorbereitet gewesen. Die Grund-lagen, wie Lesen, Schreiben, Sprechen, seien schwer gewesen, gerade für Schüler, die die lateinische Schrift noch nicht kannten. Fatma sagte, dass sie am Anfang fast nichts verstanden hätte, und sie hatte Angst, dass die Lehre-rin fragen würde, was sie verstanden hätte. Aber die Lehrerin bestrafte nicht. Diesen Schonraum der Klasse schätzten alle befragten Schüler.

Sie waren sich aber auch einig, dass der Lernzuwachs nach den *Grundlagen Deutsch* stagnierte. Immer wieder kamen neue Schüler und man musste Grundlagen, wie Pronomen, wiederholen.

C. O. Die Schüler begannen, sich also unterfordert zu fühlen, und das war der Grund, weshalb sie in die Regelklasse wechseln sollten?

F. K. Genau. Aber natürlich reichten die Fähigkeiten der Kinder noch nicht aus, um am Regelunterricht erfolgreich teilzunehmen. Natascha wechselte mit Angst davor, der Sprache noch nicht mächtig zu sein, in die neue Klasse. Diese Angst bestätigte sich. Im Interview erklärte sie, dass ihr die Fachwörter – und ich würde sagen die Bildungssprache insgesamt – komplett fehlten. Diese hatten sie in der DaZ-Klasse nicht gelernt, aber jene braucht man in Klasse 7. Die anderen Kinder hatten die gleichen Probleme.

C. O. Der Fachunterricht stellt auch große inhaltliche Anforderungen an die Schüler.

F. K. Ja, aber diese Herausforderungen stärkten die Schüler in ihrem Selbst-konzept, jedenfalls sofern sie den Anschluss hatten. Dima und Natascha z. B. konnten in Mathematik und Englisch gut Anschluss finden, weil sie die Inhalte aus dem Heimatland bereits kannten. Wenn die Anschlussfähigkeit aufgrund fehlender Inhalte oder sprachlicher Überforderung aber nicht gegeben ist, wie in den Fächern Deutsch, so sinken Selbstkonzept und Motivation, das berichteten alle Schüler. Nataschas Lehrerin schlug ihr vor, die Ballade aus dem Unterricht auf Polnisch zu lesen. Und sie war stolz darauf, als sie dies der Klasse auf Polnisch vorlesen durfte. Hier ist das Internet eine gute Hilfe. Die Kinder können sich z. T. Interpretationen durchlesen und sind nicht auf den Unterricht alleine angewiesen. An dieser Schule konnten sich die Schüler die Regelfächer, an denen sie zuerst teilnehmen wollten, aussuchen – natürlich wurde das aber auch mit der Lehrerin besprochen.

C. O. Normative Übergänge, wie vom Kindergarten in die Grundschule, sollten sanft erfolgen, z. B. durch Hospitationen. Wie empfanden die Schüler hier den organisatorischen Übergang?

F.K. Auch hier finden „sanfte" Übergänge statt. Fatma hob hervor, dass sie durch die Hospitation in der Regelklasse schon wusste, was auf sie zukommen würde. Aber dadurch entstand natürlich auch Angst. Die Kinder werden ja langsam in die Regelklasse eingeführt. Auch das wird als gut bewertet. Fatma tat es gut, die Fächer auswählen zu können, an denen sie zuerst teilnahm, und Dima genoss besonders die Möglichkeit, auswählen zu dürfen, ob und wann er den Stoff so beherrschte, dass an dem Test oder Arbeiten teilnehmen konnte. Häufig finden Übergänge nach Ferien statt. Aus organisatorischen Gründen mag das nachvollziehbar sein, für die betroffenen Kinder ist es jedoch nicht immer hilfreich. In den Interviews kam ebenfalls heraus, dass die Biografie bei Übergängen berücksichtigt werden sollte. Da Dimas Bruder von Anfang an die Regelklasse besuchte, wollte er so schnell wie möglich ebenfalls wechseln. Fatma hingegen hätte den Schonraum der Sprachlernklasse gerne noch länger gehabt.

C.O. Wenn Schüler zeitgleich in zwei Klassen sein sollten, wenn z. B. der Sprachunterricht und Regelunterricht parallel stattfanden, denn anders kann man es vom Stundenplan ja manchmal nicht gestalten, dann ist das für alle eine Herausforderung. Sprachen die Kinder über Hürden in der Koordination?

F.K. Dima hatte anfangs Schwierigkeiten, DaZ- und Regelunterricht zu koordinieren. Wenn er nicht im Regelunterricht war, weil er sich gerade in der DaZ-Klasse aufhielt, dann fehlten ihm Arbeitsblätter und er verpasste in der folgenden Stunde den Anschluss. Die Organisation ist schwierig, auch bei Krankheiten. Selbst wenn die Lehrer ihm die Arbeitsblätter zurücklegen, verpasst er Inhalte und das kann nicht alles nachgeholt werden. Auch mangelnde Deutschkenntnisse erschweren das Verstehen. Dima berichtete davon, nicht immer von allen Leistungsüberprüfungen gewusst zu haben und sich deshalb nicht vorbereitet zu haben. Warum er der Lehrerin aber nicht sagen wollte, dass er nicht über die Arbeit informiert war, verschwieg er. Vielleicht war es Unsicherheit oder er hatte Angst davor, dann wieder in die DaZ-Klasse zu müssen oder dass ihm nicht geglaubt wurde.
Nicht immer erreichen alle Informationen die Schüler – wie gesagt, das kann an sprachlichen Barrieren oder an Versäumnissen durch die Schule liegen. Aber der Effekt ist der Gleiche: Es belastet die Schüler massiv, das sagten alle, denn sie wollen an sich alles richtig machen. Fatma beispielsweise war beim Schulstart alleine in der Schule – ohne Ranzen und Eltern. Hier lag ein Kommunikationsproblem vor, für die Schule war es nicht bedeutsam, für Fatma aber schon. Aber alle Schüler lobten die Informationen, die Schulen oder Beratungsstellen bereitstellten, und dass die Lehrer Ansprechpartner waren und sind.

C.O. Einen der wichtigsten Punkte haben wir noch nicht angesprochen, das ist die soziale Integration. Wie empfanden Schüler diese?

F.K. Die neue Situation löste zunächst Unsicherheiten aus. Als die Schüler etwas Deutsch verstanden und die Routinen kannten, bei Fatma war das nach zwei Wochen, fühlten sie sich wohler. Freundschaften, auch zu der Lehrerin, waren ganz wichtige Punkte, die genannt wurden. Hier haben alle Schüler viele Wechsel erlebt, die Flucht mit ständig neuen Kontakten, verschiedene Klassen und vieles mehr. Das ist schwer für sie.
Für Natascha war die Kontaktaufnahme zu den Schülern in der Regelklasse aufgrund ihrer geringen Deutschkenntnisse anfangs schwer und auch das Patensystem half hier nur bedingt. Da sie die Gespräche der deutschen Schüler nicht verstehen konnte, befürchtete sie, dass ihre Mitschüler über sie reden könnten oder sie für sprachliche Fehler auslachten. Ihre Mutter sagte, dass durch den Zweiten Weltkrieg Polen hier nicht immer gerne gesehen seien. Auch das machte ihr Angst. Jetzt weiß Natascha aber auch, dass ihre Sorgen unbegründet waren.
Die sprachlichen und kulturellen Barrieren wirkten sich bei allen erschwerend aus. In den Pausen waren sie zunächst nur unter sich und Fatma, die im Heimatland zu Hause beschult wurde, musste sich an die Klassen mit Jungen gewöhnen.
Ob die Kinder sich angenommen fühlten, das hängt ganz stark von dem individuell Erlebten ab. Dimas Sitznachbarin bot ihm Unterstützung an – für ihn war das ein Ankommen. Natascha kam an, als sie das Gefühl hatte, ihre neuen Mitschüler etwas zu kennen, und auch Fatma betonte die Bedeutung der persönlichen Beziehungen.

C.O. Sprachbarrieren aufzuheben, sei besonders wichtig, so sagten Sie. Wie gingen und gehen die Schüler damit um?

F.K. Die Schüler berichteten von einer großen Hilfsbereitschaft. Wenn sie etwas nicht verstehen, fragen sie Schüler oder Lehrer. Fast alle antworten und helfen ihnen. Dimas Lehrerin hat ihm erklärt, dass es keine Schande sei, nach Wörtern zu fragen, sondern dass man so lerne. Das hat ihn sehr bestärkt. Mehrere Lehrer hätten den neuen Schülern dann noch mal in kurzen Sätzen und mit einfachen Wörtern erklärt, um was es gehe. Auch haben einige Schüler übersetzt. Natascha hat eine Freundin, die Polnisch spricht. Für Dima wird auf Englisch übersetzt.
Im Fachunterricht war es hilfreich, dass der Lehrer Aufgaben erklärte. Fatma konnte die Aufgaben zwar mathematisch lösen, aber verstand nicht, was dort geschrieben stand, weil sie die Schriftsprache noch nicht beherrschte. Und wie wir alle wissen, kann man eine neue Sprache besser verstehen, wenn der Sprecher langsam und deutlich spricht. Im norddeutschen Raum wird vergli-

chen mit dem Süden Deutschlands schnell gesprochen. Aber dafür gibt es hier nicht so gravierende Dialekte. Fatmas Lehrerin hat umgesetzt, was in der Wissenschaft *sprachsensibler Unterricht* genannt wird: Sie hat übersetzt, Bilder gezeigt, nonverbal erklärt, Wörterbücher angeboten, Paten benannt und vieles mehr.

C.O. Welche Tipps würden Sie aus den Interviews ziehen und Lehrern oder Schulen mit auf den Weg geben?

F.K. Zunächst sollte gesagt werden, dass der Übergang auch aus Sicht der Betroffenen im Gesamten geklappt hat. Der Schonraum in der Willkommensklasse ist ganz wichtig für das Ankommen. Aber es sollte versucht werden, die Vorbereitungsklassen in Bezug auf Bildungssprache oder Fachwörter zu intensivieren. So könnte man z. B. Fachbegriffe aus der Biologie aufgreifen, wenn man weiß, dass Fatma das Thema „Natürliche Populationen" haben wird. Hier könnten Fachbegriffe gesammelt und erklärt werden, sodass die Schülerin sich sicherer fühlt, wenn sie in die Regelklasse geht, denn Wörter wie „Mäusebussard" sind keine, die man in Willkommensklassen als Erstes lernt. Auch sollte der Regelunterricht sprachsensibler werden. Ich weiß, das ist im Alltag nur schwer realisierbar und viele Lehrer sind dafür bereits sehr sensibel, aber eben nicht alle.

Hilfreich wäre es sicher auch, wenn der Fachlehrer zunächst alleine mit den Schülern ein bis zwei Stunden hätte, um ihre Fähigkeiten zu erfahren und inhaltliche Anschlussfähigkeit zu gewährleisten. So könnte er sie besser im Unterricht unterstützen und sie insbesondere ihre Kompetenzen zeigen lassen. Das ist wichtig für das Selbstwertgefühl.

Je mehr die Übergänge individuell gestaltet werden können, desto hilfreicher ist es für alle Beteiligten. Aber leider sieht der Schulalltag insbesondere aus personellen Ressourcen manchmal anders aus, als man ihn sich wünscht. Wir sind aber auf einem guten Weg. Das haben zumindest die Interviews gezeigt und die befragten Schüler seien alle, so sagten sie, gut angekommen.

C.O. Herzlichen Dank für das informative Interview.

Einige Aspekte, die die Integration in die Regelklasse erleichtern können

<u>Paten</u> → Es hat sich als sehr gewinnbringend erwiesen, in den Regelklassen Paten zu benennen. Diese sollen als Ansprechpartner für die Schüler der Willkommensklasse fungieren, ihnen im Schulalltag weiterhelfen, sie über Stundenplanänderungen, Regeln und Besonderheiten informieren, aber auch versuchen, sie in das soziale Gefüge der Klasse zu integrieren. Wichtig ist jedoch, sowohl mit den Paten als auch mit den Schülern der Willkommensklasse regelmäßig Rücksprache zu halten und eventuelle Probleme und Herausforderungen zu reflektieren. So kann es sich z. B. als sinnvoll erweisen, nach einer Zeit, wenn sich die Schüler gegenseitig kennengelernt haben, die Paten zu wechseln und dabei auch den Schüler der Willkommensklasse in den Entscheidungsprozess einzubinden.

<u>Stundenplan/Vertretungsplan</u> → Die Schüler einer Willkommensklasse können zum allergrößten Teil den Vertretungsplan nicht lesen und auch das Nutzen eines Stundenplans fällt einigen schwer. Dies führt dazu, dass die Schüler z. B. im Gebäude herumirren, da sie eine Raumänderung nicht mitbekommen haben oder zu früh zur Schule kommen, weil sie nicht über einen Ausfall informiert sind. Um dies zu vermeiden, hat es sich als effektiv erwiesen, den Stundenplan der jeweiligen Klasse genau zu besprechen und gemeinsam am Vertretungsplan zu üben, wie man erkennt, ob es Änderungen gibt. Zwar wird es sicherlich am Anfang trotzdem zu Unklarheiten und Problemen kommen, aber die Schüler werden mit etwas Zeit und Übung lernen, Stunden- und Vertretungspläne zu verstehen und zu nutzen.

<u>Fehlzeiten</u> → Die Schüler einer Willkommensklasse sollten – auch aus rechtlichen Gründen – in dieser Hinsicht wie Regelschüler behandelt werden. Fehlzeiten müssen demnach dokumentiert und entschuldigt werden (vgl. S. 87/88). Dies führt im Schulalltag häufig zu Problemen, da die Schüler der Willkommensklassen oftmals einen anderen Stundenplan haben als die der Regelklasse, also nicht in allen Stunden bzw. Fächern anwesend sind.
Als praktikabelste Lösung hat sich in unserem Schulalltag bewährt, den Stundenplan der Schüler der Willkommensklasse in das jeweilige Klassenbuch zu legen, sodass alle in der Klasse unterrichtenden Kollegen wissen, wann der Schüler der Willkommensklasse anwesend sein sollte.
Da die Schüler der Willkommensklasse, mit Ausnahme derer, die gerade erst angekommen sind, immer mehr in der Regelklasse als im Unterricht der Willkommensklasse sind, sind die Klassenlehrer, in Rücksprache mit den Lehrkräften der Willkommensklasse, auch dafür verantwortlich, ggf. eine Attestpflicht einzuführen oder Anzeigen wegen Verletzung der Schulpflicht zu stellen.

Ausflüge/Klassenfahrten/Projekte → Die Integration in das soziale Gefüge einer Regelklasse gelingt besonders gut durch die Teilnahme an Ausflügen, Klassenfahrten und Projekten. Als Lehrkraft einer Willkommensklasse ist es wichtig, die Kollegen dafür zu sensibilisieren und darüber zu informieren, dass zahlreiche Schüler berechtigt sind, Leistungen im Rahmen des Bildungs- und Teilhabepakets (BuT) zu beziehen, und die eventuell entstehenden Kosten dadurch gedeckt sind.

Um auf einen Blick erkennen zu können, welche Schüler BuT-berechtigt sind, können Sie z. B. eine Liste erstellen und diese dem gesamten Kollegium zur Verfügung stellen. Als Lehrer sind Sie wahrscheinlich schon oft mit solchen BuT-Anträgen in Kontakt gekommen und wissen, dass die Beantragung meist recht unkompliziert und schnell funktioniert. Sollte dies bürokratisches Neuland für Sie sein, empfehlen wir Ihnen, sich an Ihre Schulleitung, das Sekretariat oder den Schulsozialarbeiter zu wenden. Diese kennen sich meist sehr gut damit aus und können Ihnen ggf. auch die Spezifika Ihrer zuständigen Behörde erklären.

Bücher → Um dem Unterricht folgen zu können, Inhalte nachzuarbeiten und sich als Teil der Klassengemeinschaft zu fühlen, benötigen die Schüler einer Willkommensklasse Schulbücher. Der Regelklassenlehrer ist für die Ausleihe des Lehrmaterials in der Regel verantwortlich. Stellen Sie sicher, dass er darüber informiert ist.

Fremdenfeindliche Tendenzen in den Regelklassen → Dieses Problem betrifft sicherlich nicht alle Schulen bzw. Regelklassen. Aber unsere eigenen Erfahrungen und auch Gespräche mit Kollegen haben gezeigt, dass es sich um ein vermehrt auftretendes Problem handelt, das durch die politischen Entwicklungen der Jahre 2015/2016 noch verstärkt wurde. Sind in einer Klasse fremdenfeindliche bzw. rechte Tendenzen vorhanden, kann die Aufnahme von Schülern einer Willkommensklasse in eine solche Lerngruppe eine angespannte Stimmung erzeugen.

Sollten Sie oder Ihre Kollegen dies in einer Klasse bemerken, ist es wichtig, die Themen Fremdheit und Flucht aktiv anzusprechen, um eine Eskalation zu vermeiden und ggf. auch ein gesamtschulisches Konzept zum Umgang mit Fremdenfeindlichkeit zu entwickeln.

Orga-Ordner → In unserem Schulalltag hat es sich sehr bewährt, im schulinternen Netzwerk einen Ordner anzulegen, in dem die Kollegen der Regelklassen alle Informationen und Vordrucke, wie z. B. mehrsprachige Entschuldigungs- und Informationsschreiben für Schüler und Eltern, Listen über wichtige Schülerdaten und Checklisten für Lehrkräfte, finden, die sie für ihre Arbeit benötigen.

Checkliste für Klassenlehrer der Regelklassen

Die folgende Checkliste ist eine Hilfe für Klassenlehrer,
die im laufenden Schuljahr einen Schüler nicht deutscher
Herkunftssprache in ihre Klasse aufnehmen.

Checkliste für die Aufnahme eines Schülers nicht deutscher Herkunftssprache

Aufgabe	erledigt
Schülerpaten bestimmen	
Fachlehrer der Klasse über den Neuzugang informieren	
Sitzplatz bereitstellen	
Bücher beschaffen	
Stundenplan erklären	
Stundenplan in das Klassenbuch kleben (falls dieser vom regulären Stundenplan der Klasse abweicht)	
Schüler in den Klassenlisten ergänzen	
Den Vertretungsplan von Paten erklären lassen	
Den Schüler (und Eltern) über Klassentermine informieren	
Ggf. Zugang zum schulinternen Netzwerk bereitstellen	
Ggf. die Erziehungsberechtigten in Verteilerlisten aufnehmen und Elternpaten bestimmen	

Bleistift: © fotomek – Fotolia.com

Ein Interview Stimmen aus der Praxis

Victoria Veiths V.V. *ist Klassenlehrerin einer 7. Klasse mit insgesamt 25 Schülern – davon drei Schüler (zwei Jungen und ein Mädchen) nicht deutscher Herkunftssprache, die auch die Willkommensklasse besuchen. Im Gespräch mit* **Katharina Waldmann** K.W. *spricht sie über ihre Erfahrungen.*

K.W. Was hast du gedacht, als du erfahren hast, dass ein Sprachlernschüler in deine Klasse kommt?

V.V. Als ich in die Klasse kam, war bereits ein Schüler der Willkommensklasse in der Gruppe, der nun (nach anderthalb Jahren) bereits voll am Unterricht der Regelklasse teilnimmt. Am Anfang wusste ich nicht ganz genau, wie ich mit der Situation umgehen sollte, da gerade im Fach Deutsch die Teilnahme am Regelunterricht eine große Herausforderung darstellt. Nach mehreren Gesprächen mit der Leitung der Sprachlernklasse und einigen Tipps hat sich aber die Unsicherheit schnell gelegt.

K.W. Was sind/waren die größten Hindernisse bei der Integration der Schüler der Willkommensklasse in deine Klasse?

V.V. Bei der Integration muss man meiner Meinung nach zwischen Integration in den Unterricht und Integration in das Klassengefüge unterscheiden. Für den Unterricht ist gerade im Fach Deutsch die Sprache die größte Barriere. Hier habe ich versucht, Aufgaben zu finden, die die Schüler bewältigen können und in etwa thematisch dem entsprechen, was im Unterricht behandelt wird (z. B. Kleidungsstücke und Farben als Vokabeln lernen während der Auseinandersetzung mit „Kleider machen Leute" von Gottfried Keller). Die Integration in das Klassengefüge ist bei allen drei Schülern der Willkommensklasse unterschiedlich ausgefallen. Es hat sich gezeigt, dass gerade Schüchternheit etwas ist, was zu Problemen bei der Integration führt. Die anderen Schüler sind derzeit eher auf sich selbst fixiert, da bemerken sie eher selten, wenn es einem anderen nicht gut geht oder jemand Hilfe braucht. Wenn dann noch jemand selbst sehr zurückhaltend ist, dann führt dies zur Isolation dieses Schülers.

K.W. Was hat bei der Integration der Sprachlernschüler geholfen?

V.V. Ich denke, dass gerade gemeinsame Interessen wichtig sind. Im Falle der beiden Jungen war es ganz klar das Fußballspielen. Aber auch die Eltern der Sprachlernschüler haben einen großen Stellenwert. Wenn diese in die

Elterngemeinschaft integriert werden, dann sind auch die Schüler insgesamt mehr darauf bedacht, die Sprachlernschüler bei außerschulischen Aktivitäten, wie Geburtstagen, einzuladen.

Ebenfalls gut ist das Paten-System, bei dem jedem Schüler der Willkommensklasse ein bis zwei Schüler zugeteilt werden, die besonders auf diesen Schüler achten, ihn mitnehmen etc.

K.W. Was hat nicht geholfen bzw. was würdest du heute anders machen?

V.V. Dass innerhalb kurzer Zeit mehrere Schüler aus der Willkommensklasse in die Klasse aufgenommen wurden, war auch für die anderen Schüler eine neue Situation. Einige Schüler beschwerten sich darüber, dass ich als Klassen- und Fachlehrerin mehr Zeit mit den Schülern der Willkommensklasse verbringen würde als mit ihrer Betreuung. Die Schüler schilderten mir, dass sie das Gefühl hätten, diese Schüler würden sich mit ihrer Fluchtgeschichte in den Vordergrund drängen oder die ganze Aufmerksamkeit für sich beanspruchen. Der vorerst zugeteilte positive Sonderstatus wurde z. T. schnell durch Ablehnung ersetzt. Ich denke aber, dass die Situation immer mehr zum Normalzustand wird und daher diese Gedanken der anderen Schüler eingestellt werden.

Bei dem an sich guten Paten-System hat sich das Problem ergeben, dass nach einiger Zeit die zugeteilten Schüler keine Lust mehr hatten, sich um ihren Schüler zu kümmern. Auch die Sozialgefüge der Klasse ändern sich – dies sollte immer bedacht werden und evtl. die Paten neu gewählt werden.

K.W. Welche Tipps würdest du einer Lehrkraft geben, die zum ersten Mal Sprachlernschüler in eine Regelklasse inkludiert?

V.V. In jedem Fall würde ich den Schüler der Willkommensklasse nicht vor allen als etwas Besonderes hervorheben, sondern wie jeden neuen Schüler der Klasse vorstellen und – wenn ich meine Klasse gut kenne – vorher schon Schüler ansprechen, die ich mir gut als Paten vorstellen kann. Wenn man dies nämlich erst dann verhandelt, wenn der Schüler in der Klasse ist, hat dies etwas von einem Warencharakter – man „verkauft" den Schüler an eine bestimmte Gruppe und hofft, dass diese sich kümmern. Der Schüler der Willkommensklasse sollte in diese Entscheidung mit einbezogen werden, beispielsweise durch ein Vorstellen der Paten, bevor man in der Klasse willkommen geheißen wird, und der ausdrücklichen Aussage, dass dies natürlich jederzeit geändert werden kann. Manchmal glaube ich nämlich, dass die Schüler der Willkommensklasse dadurch auch denken, diese Kontakte seien ihre einzigen in der Klasse, wodurch neue soziale Kontakte in der Klasse verhindert werden können. Insgesamt sollte ein normaler Umgang gepflegt werden. Dennoch sollte man Probleme – gerade rechts orientierter Natur –

nicht übergehen. Hier würde ich aber immer Einzelgespräche empfehlen und nie Klassengespräche – dies stigmatisiert nur und gerade ein Schüler, der aufgrund von Sprachproblemen nicht selbst Partei ergreifen kann, wird so eine Situation immer als unangenehm empfinden.

K.W. Vielen Dank für das Interview.

Zeugnisse und Bewertungen

Die Bewertung von Schülern nicht deutscher Herkunftssprache sowie die damit einhergehende Erstellung von Zeugnissen ist ein Punkt, der sowohl eine pädagogische als auch organisatorische Herausforderung ist. Da sich die rechtlichen Vorgaben von Bundesland zu Bundesland unterscheiden, werden wir im folgenden Kapitel versuchen, einige allgemeingültige Hinweise zu formulieren, die Ihnen diese Arbeit erleichtern.

Wir wissen durchaus um die Probleme von Noten generell. Dieses kann und soll hier nicht diskutiert werden. Wenn wir (auch jenen neu zugewanderten Kindern und Jugendlichen) Noten geben, dann ausschließlich deshalb, weil es eben ein konkretes und verbindliches Notensystem an deutschen Schulen gibt.

Wie wir es handhaben

In Niedersachsen *müssen* Schüler nicht deutscher Herkunftssprache in den ersten zwei Jahren ihres Schulbesuchs in Deutschland *nicht* bewertet werden. Eine Bewertung *kann* aber erfolgen, wenn entsprechende Sprach- und Fachkompetenz vorhanden ist (vgl. RdErl. d. MK v. 1.7.2014 -25 – 81 625 – VORIS 22410). Am Ende eines jeden Schulhalbjahres erhalten die Schüler unserer Klasse ein reguläres Zeugnis, auf dem ggf. Noten eingetragen sind und Fächer, in denen noch keine Bewertung möglich war, mit „ohne Bewertung" gekennzeichnet sind. Zusätzlich erhalten die Schüler als Beiblatt einen Lernstands- und Kompetenzbericht, der von den Lehrkräften der Willkommensklasse erstellt wird und Auskunft über den Stand des Spracherwerbs gibt.

Wir empfehlen den Kollegen stets, die Schüler zu bewerten, sobald dies möglich ist, da dies für viele unserer Schüler im Kontext der Inklusion eine große Motivation und Wertschätzung ist, weil eben deutsche Schüler auch Noten bekommen und eine Note auch immer bedeutet, dass sie nun schon so gut Deutsch sprechen, dass sie bewertet werden können.

Noten können, innerhalb dieser ersten zwei Jahre, aber auch als pädagogische bzw. erzieherische Maßnahme genutzt werden. Arbeitet z. B. ein Schüler, der sowohl die Sprach- als auch die Fachkompetenz hätte, dem Unterricht zu folgen, nicht mit, entzieht sich diesem durch unentschuldigtes Fehlen oder störendes Verhalten, kann es durchaus hilfreich sein, diesem Schüler eine seinen Leistungen entsprechende Note zu geben. In Niedersachsen und in sicherlich auch vielen anderen Bundesländern gibt es außerdem die Möglichkeit, im Rahmen der Klassenkonferenz einen Nachteilsausgleich für Schüler nicht deutscher Herkunftssprache zu beschließen, „wenn Schüler, die auf Grund noch nicht ausreichender Kompetenzen in der deutschen und/oder in einer neu erlernten Fremdsprache keinen oder einen erschwerten Zugang zu bestimmten Aufgabenstellungen haben und so nicht ihr tatsächliches Leistungsvermögen abrufen bzw. nachweisen können." (RdErl. d. MK v. 1.7.2014 – 25 – 81 625 – VORIS 22410).

Sie finden nachfolgend ein beispielhaftes Formular zur Beantragung eines Nachteilsausgleichs, welches wir an unserer Schule in Niedersachsen verwenden.

Antrag auf einen Nachteilsausgleich für das SJ ....

Name: ....   Klasse: ....

Datum der Klassenkonferenz: ....

Grund: RdErl. d. MK v. 1.7.2014 -25 – 81 625 – VORIS 22410
Förderung von Bildungserfolg und Teilhabe von Schülerinnen und Schülern nicht deutscher Herkunftssprache
6. Individuelle Lernentwicklung und Leistungsbewertung
Für Schülerinnen und Schüler, die aufgrund noch nicht ausreichender Kompetenzen in der deutschen und/oder in einer neu erlernten Fremdsprache keinen oder einen erschwerten Zugang zu bestimmten Aufgabenstellungen haben und so nicht ihr tatsächliches Leistungsvermögen abrufen bzw. nachweisen können, können die äußeren Bedingungen für mündliche oder schriftliche Leistungsfeststellungen u. a. wie folgt verändert werden.

Folgende Bedingungen sollen der Schülerin/dem Schüler ermöglicht werden:
- zusätzliche Bearbeitungszeit
- Verwendung spezieller Arbeitsmittel (z. B. Wörterbuch, auch in elektronischer Form)
- personelle Unterstützung
- alternative Präsentation von Aufgaben und Ergebnissen
- alternative Leistungsnachweise (z. B. mündlicher statt schriftlicher Leistungsnachweis oder umgekehrt)
- Bereitstellung von Verständnishilfen und zusätzlichen Erläuterungen
- Exaktheitstoleranz
- individuelle Leistungsfeststellung in Einzelsituationen
- Anpassung von Texten und Grafiken, Textoptimierungen im Sinne eines sprachsensiblen Fachunterrichts

Eine Senkung der Leistungsanforderungen ist nicht zulässig.

Die Eltern wurden von dem Nachteilsausgleich informiert.
Der Nachteilsausgleich wurde von der Klassenkonferenz gewährt.

....

Ort, Datum, Unterschrift des Konferenzleiters

Bewertung und Zeugnisse: Das sollten Sie beachten

▷ Informieren Sie sich rechtzeitig über die jeweilige Erlasslage, Sonder-
regelungen und Ausnahmen der Bewertung. Kurz vor Eintragungsschluss
und Zeugnisausgabe bleibt dafür meist keine Zeit mehr.

▷ Falls Sie Kompetenzberichte schreiben, kann es sehr entlastend sein,
beizeiten Berichte für verschiedene, exemplarische Lernstände zu verfassen,
die dann für die Schüler individuell angepasst und abgeändert werden
können.

▷ Halten Sie Rücksprache mit dem IT-Fachmann Ihrer Schule, ob die von der
jeweiligen Behörde geforderten Formalien mit Ihrem Zeugnisprogramm
kompatibel sind oder ob noch Änderungen vorgenommen werden müssen.

▷ Halten Sie bei Unklarheiten rechtlicher Art Rücksprache mit der Schulleitung
oder der Rechtsabteilung der zuständigen Behörde.

▷ Informieren Sie am Anfang des Schuljahres die Kollegen über die Möglichkeiten und Vorgaben der Bewertung von Schülern nicht deutscher
Herkunftssprache, damit Sie, sollten die Schüler bewertet werden können,
die Möglichkeit haben, die Leistungen entsprechend zu dokumentieren.

▷ Informieren Sie die Kollegen am Ende des Schuljahres darüber, wie die
Noten eingetragen und Zeugnisse ausgefüllt werden müssen. Bei uns hat
es sich sehr bewährt, das Forum der Gesamtkonferenz zu nutzen, um die
Kollegen zu informieren, sowie einen knappen Leitfaden zu formulieren,
den die Kollegen während der Zeugniserstellung nutzen können.

▷ Besprechen Sie das deutsche Bewertungssystem und die Zeugnisse mit
den Schülern Ihrer Klasse, da die Bewertung von Leistungen in den
Herkunftsländern oft anders gehandhabt wird. So werden in anderen
Ländern z. B. Noten in Prozent oder Buchstaben ausgedrückt und eine
„höhere" Note ist häufig eine bessere.

Zukunftsperspektiven

Bleiben – für viele Schüler, die zu uns gekommen sind, ist dies das Ziel. Und auch das Ziel unserer Arbeit sollte stets sein, darauf hinzuarbeiten, die bestmögliche Grundlage dafür zu schaffen, dass die Schüler in unserem Land einen Schulabschluss machen und einen Beruf ergreifen können.

Die Lebenswirklichkeit der Schüler ist dennoch häufig anders geprägt. Teilweise ist für sie nicht klar, in welchem Land sie ihre Zukunft verbringen werden. Einige rechnen tagtäglich damit, aus Deutschland wieder ausreisen zu müssen. Denn was die Öffentlichkeit häufig nicht sieht, ist, dass Willkommensklassen nicht nur von Schülern besucht werden, die aus Syrien oder dem Irak vor dem Krieg geflohen sind. Willkommensklassen werden oftmals auch von Schülern besucht, deren Familien aus anderen Motiven aus ihren Heimatländern geflohen sind und die dementsprechend keine günstige Bleibeperspektive in Deutschland haben. Auch diese Kinder müssen Deutsch lernen, auch ihnen sollte das deutsche Schulsystem nahegebracht werden, auch wenn sie nach einem Jahr in der deutschen Schule das Land wieder verlassen müssen.

Der Erlass in Niedersachsen sieht für alle Schüler einer Willkommensklasse vor, dass diese Schüler die Willkommensklasse möglichst nach einem Jahr wieder verlassen, danach die Regelklasse voll besuchen und nur noch durch zusätzliche Förderstunden im Spracherwerb gefördert werden.

In anderen Bundesländern gibt es andere Regelungen. Unseren Erfahrungen nach ist die einjährige Regelung – auch bei Schülern, die sehr bemüht sind und stetig lernen – eine utopische Annahme. Die Komplexität der deutschen Sprache und die inhaltlichen Unterschiede des deutschen Schulunterrichts zu beispielsweise jenen in einem afghanischen Dorf stehen sich in hohem Maße entgegen. So kommt es dazu, dass viele unserer Schüler zunächst einen Hauptschulabschluss anstreben müssen. Dies führt bei einigen Schülern zu einer gewissen Frustration, denn auch sie merken schnell, dass der Hauptschulabschluss ein sehr basaler Bildungsabschluss ist. Schon häufig haben wir mit den Schülern lange Gespräche über ihre Zukunft geführt, in denen deutlich wurde, dass sie kaum etwas über das deutsche Bildungssystem wissen, und man sieht buchstäblich Träume zerplatzen, wenn man sie darüber aufklärt, dass man nur mit dem Abitur studieren und einen Beruf wie Arzt ergreifen kann.

Aus unserer Sicht ist es deshalb maßgeblich, dass die Familien der Schüler eine Einführung in das deutsche Schulsystem in ihrer Muttersprache bekommen, sodass ihnen deutlich wird, dass auch nach einem erfolgreichen Hauptschulabschluss noch alle Bildungswege offenstehen. Dies können wir als Willkommensklassenlehrer zwar auch leisten – vermutlich ist aber eine ausführliche Beratung bei kompetenten Stellen – wie etwa der Agentur für Arbeit – zielführender. Hier hoffen wir darauf, dass dies an höherer Stelle strukturell noch umsichtiger bedacht wird.

Um die Schüler bestmöglich zu fördern und zu fordern, ist es wichtig, dass Schule als System flexibel bleibt. Durch die Flucht vieler Menschen nach Deutschland hat die Gesellschaft sich verändert und es haben sich viele neue Möglichkeiten ergeben, mit zunächst fremden Menschen und Kulturen näher in Kontakt zu kommen als bisher. Dies sollte auch in der Institution Schule geschehen und zwar nicht nur in der Person des Willkommensklassenlehrers, sondern in allen Bereichen – vom Mitarbeiter über das Kollegium, die Schüler, die Elternschaft bis zur jeweiligen Landesschulbehörde. Dazu gehört es auch, dass die Realität deutlich und unverstellt wahrgenommen wird. Diese Realität besteht nämlich meist leider darin, dass Schüler der Willkommensklassen nach einem Jahr noch nicht das nötige Deutsch sprechen, um z. B. eine Deutschklausur zu schreiben. Auch die Integration in die Regelklasse ist zu diesem Zeitpunkt häufig noch nicht vollständig gelungen.

Diese Ausführungen sollen nicht aussagen, dass unsere bisherige Arbeit keine Früchte zeigt. Sie sollen vielmehr zeigen, dass es immer noch einiges in den Schulen zu tun gibt – dass die eigentliche Arbeit jetzt vielleicht gerade erst beginnt. Sie sollen zeigen, dass langsam alle Kollegen akzeptieren sollten, dass die neu zugewanderten Schüler nun Mitglieder der Schulgemeinschaften sind und dass sie Hilfe bei der Integration benötigen. Dazu sollten neue Wege beschritten werden und dazu sollte jeder Einzelne der Schulgemeinschaft bereit sein. Für die Schüler der Willkommensklasse bedeutet es einen enormen Kraftakt, in der Schule anzukommen und sich bewusst darauf einzustellen, zu bleiben. Und auch die Schüler, die Deutsche sind oder schon länger in Deutschland leben, müssen das Ihre dazu beitragen – auch wenn es im Einzelnen „nur" bedeutet, dass eigene Vorurteile erkannt werden oder dass man sich gegen die Vorurteile anderer einsetzt.

Um dies alles als Schulgemeinschaft zu meistern, braucht es interkulturelle Projekte, die angeschoben werden, z. B. Begegnungsgelegenheiten für verschiedene Kulturen oder auch eine stärkere Einbindung von Inhalten, die sich mit der Problematik und den Chancen einer pluralistischen Gesellschaft auseinandersetzen. Die neu zugewanderten Kinder und Jugendlichen haben unsere Schulgemeinschaft bereichert und bei unserer Arbeit in der Willkommensklasse wird uns täglich deutlich, was wir noch von anderen Kulturen lernen können und wie spannend ein gegenseitiger Austausch ist.

Wichtige Informationen zur Schulpflicht
englische Version

Wichtige Informationen zur Schulpflicht
arabische Version

معلومات هامة حول التعليم الإلزامي

أعزاؤنا أولياء أمور الطلاب والطالبات بفصل الترحيب،

فيما يلي معلومات بشأن التعليم الإلزامي الساري في ألمانيا.
يرجى قراءة هذه المعلومات بدقة، فالقواعد المطبقة في ألمانيا بخصوص الذهاب إلى
المدرسة تختلف عنها في بلدكم الأصلي.

أساسيات

- يُطبق في ألمانيا التعليم الإلزامي. وهذا يعني أن كل طفل ينبغي عليه الذهاب إلى
  المدرسة يوميًا بدءًا من عمر ست سنوات.
- وتلتزم المدرسة بتسجيل أيام الغياب (بعذر أو بدون عذر)، ومن ثم تراقب مدى
  الالتزام بالتعليم الإلزامي.

الغياب بسبب المرض أو المشاوير الحكومية الهامة

- إذا كان الطالب/الطالبة مريضًا، فيجب تقديم اعتذار من قبل الوالدين بعد الغياب.
  وتجدون نموذجًا لذلك ملحقًا بهذا الخطاب. إذا لم يحضر طالب/طالبة الدرس، ولم
  يقدم اعتذارًا لأيام الغياب، فسيُعتبر الغياب بدون عذر.
- إذا أصبحت أيام الغياب كثيرة (بعذر أو بدون عذر)، فسيخضع الطالب/الطالبة
  لواجب تقديم الشهادة الطبية. أي أنه يجب تقديم شهادة من قبل طبيب لكل يوم
  غياب.
- فإذا غاب الطالب/الطالبة بعد ذلك أيامًا بدون عذر، يصبح طاقم التدريس ملتزمين
  بتقديم بلاغ إلى السلطات بهذا الغياب بصفته انتهاكًا للتعليم الإلزامي. وقد يؤدي
  هذا البلاغ إلى توقيع غرامة مالية.

Impor...

...lsory school attendance

...ts in the language

...n concerning school
...any. Please study this
...Germany may be different

...nany. This means that all
...school on a daily basis.

...sences (with or without
...compulsory school

...tments

...a student absence form
...o be used in such cases
...lass without a student
...ding period of absence,

...r without an absence
...ce a doctor's
...ans that a doctor's
...tudent missing class.

...student absence
...reported to the
...y. This may
...edings against

Anhang

Wichtige Informationen zur Schulpflicht

englische Version

Important information on compulsory school attendance

Dear parents and family of our students in the language learning class,

this leaflet contains important information concerning school attendance, which is compulsory in Germany. Please study this information carefully as the regulation in Germany may be different from your home country.

General

- School attendance is compulsory in Germany. This means that all children from the age of six <u>must attend school on a daily basis</u>.

- The school is obliged to document any absences (with or without an absence form) and monitor the child's compulsory school attendance.

Absence due to illness or important appointments

- If a student falls ill, the parents must submit a student absence form to the school office. You can find the form to be used in such cases attached to this letter. If the student misses class without a student absence form being on file for the corresponding period of absence, the student will be considered truant.

- If the student misses class frequently (with our without an absence form), the student may be requested to produce a doctor's certificate for each period of absence. This means that a doctor's certificate is required for each instance of the student missing class.

- If the student continues to miss class without a student absence form being submitted to the school, this will be reported to the school supervision authority as continued truancy. <u>This may result in the authority commencing formal proceedings against the parents</u>.

Exception: Suspension of compulsory school attendance

Parents may apply for a suspension of compulsory school attendance

- ◯ for the purpose of permitting attendance in language classes when the German skills are insufficient

- ◯ where the mother is required to attend class but needs to tend to her children after expiry of the statutory maternity protection periods

- ◯ where the child will attend a special curriculum outside of school (i.e. early admission to a university on the basis of the child's giftedness). Please contact the class teachers of the welcome class or the school office if you have any further questions concerning compulsory school attendance.

Exception: Leave of absence

- ◯ The school administration may grant leave of absence for periods of up to three months. The parents or legal guardians are required to apply for such leave of absence to the school administration. Please contact the class teachers of the language learning class or the school office.

- ◯ The school administration must be informed well ahead of any extended leave of absence and will then decide on whether to grant the requested leave of absence.

- ◯ If the application is refused, any classes missed will be considered truancy.

Please contact us by email at ....
if you have any further questions.

Kind regards

....

The class teachers of the welcome class

Wichtige Informationen zur Schulpflicht
arabische Version

معلومات هامة حول التعليم الإلزامي

أعزاؤنا أولياء أمور الطلاب والطالبات بفصل الترحيب،

فيما يلي معلومات بشأن التعليم الإلزامي الساري في ألمانيا.
يرجى قراءة هذه المعلومات بدقة، فالقواعد المطبقة في ألمانيا بخصوص الذهاب إلى
المدرسة تختلف عنها في بلدكم الأصلي.

أساسيات

- يُطبق في ألمانيا التعليم الإلزامي. وهذا يعني أن كل طفل ينبغي عليه الذهاب إلى
  المدرسة يوميًا بدءًا من عمر ست سنوات.
- وتلتزم المدرسة بتسجيل أيام الغياب (بعذر أو بدون عذر)، ومن ثم تراقب مدى
  الالتزام بالتعليم الإلزامي.

الغياب بسبب المرض أو المشاوير الحكومية الهامة

- إذا كان الطالب/الطالبة مريضًا، فيجب تقديم اعتذار من قبل الوالدين بعد الغياب.
  وتجدون نموذجًا لذلك ملحقًا بهذا الخطاب. إذا لم يحضر طالب/طالبة الدرس، ولم
  يقدم اعتذارًا لأيام الغياب، فسيُعتبر الغياب بدون عذر.
- إذا أصبحت أيام الغياب كثيرة (بعذر أو بدون عذر)، فسيخضع الطالب/الطالبة
  لواجب تقديم الشهادة الطبية. أي أنه يجب تقديم شهادة من قبل طبيب لكل يوم
  غياب.
- فإذا غاب الطالب/الطالبة بعد ذلك أيامًا بدون عذر، يصبح طاقم التدريس ملتزمين
  بتقديم بلاغ إلى السلطات بهذا الغياب بصفته انتهاكًا للتعليم الإلزامي. وقد يؤدي
  هذا البلاغ إلى توقيع غرامة مالية.

استثناءات: إيقاف التعليم الإلزامي

يمكن إيقاف التعليم الإلزامي بناء على طلب

- لزيارة دورة لغة في حالة عدم إتقان اللغة الألمانية بصورة كافية

- لتربية الأطفال بعد انقضاء فترة حماية الأمومة القانونية في حالة الأمهات الخاضعات للتعليم الإلزامي

- لزيارة مسار تعليمي خاص خارج نطاق المدرسة (مثل زيارة المدرس العليا مبكرًا في حالة المهارات الخاصة). إذا كانت لديكم استفسارات بشأن هذه النقطة فيرجى التوجه بها إلى مشرف فصل الترحيب أو السكرتارية.

استثناءات: الحصول على إجازة

- تختص إدارة المدرسة باتخاذ القرار بشأن الحصول على إجازة من الذهاب إلى المدرسة لمدة تصل إلى ثلاثة أشهر. وينبغي تقديم طلب بذلك من قبل الوالدين. يرجى التوجه في هذا السياق إلى مشرف فصل الترحيب أو السكرتارية.

- ينبغي إخبار إدارة المدرسة مسبقًا بشأن الغياب عن الدروس طويلًا، والتي تقرر بدورها بشأن الإذن بالإجازة.

- في حالة عدم الموافقة على الإجازة، تُعد أيام الغياب بدون عذر.

إذا كانت لديكم استفسارات أخرى يمكنكم التوجه إلينا في أي وقت، مثلًا عن طريق البريد

الإلكتروني: ....

مع أطيب التحيات

....

مشرف فصل الترحيب

Krankheiten

englische Version

Illness

Dear parents of the students in our welcome class,

we have recently noticed some of our students attending class despite being obviously ill. It is of course the parent's decision whether and when their children remain at home due to illness. The school agrees that a runny nose is no good reason to miss class.

We would nevertheless like to advise that it is better for everyone – for the ill child as well as its fellow students – to keep a child with fever, a strong cough or diarrhoea at home. Staying at home will allow your child to rest and recover while preventing others from getting infected. All you need to do in these cases is to submit a student absence form to the school.

Please note that some illnesses, such as for example chicken pox, must be reported to the school office by telephone. Your general physician will know about this and can answer any further questions you may have.

Kind regards

....

The class teachers of the welcome class

Krankheiten
arabische Version

الأمراض

أولياء الأمور الأعزاء لطلاب فصل الترحيب،

لقد لاحظنا في الفترة الأخيرة أن بعض الأطفال من فصلنا يأتون إلى المدرسة بالرغم من ظهور المرض عليهم. ومن البديهي أن القرار يرجع إليكم بشأن بقاء أطفالكم في المنزل بسبب المرض ومدة ذلك، كما نرى أن من المفترض أن يذهب الطفل إلى المدرسة إذا كان يعاني من زكام بسيط فقط!

برغم ذلك نرغب في لفت انتباهكم إلى أنه من الأفضل للجميع ـ أي الطفل المريض وأصدقائه ـ أن يبقى طفلكم في المنزل إذا كان يعاني من الحمى أو السعال الشديد أو الإسهال. فبذلك يتمكن طفلكم من الراحة، ويتعافى بصورة أسرع، ولا تنتقل العدوى للآخرين. ما دمتم تقدمون اعتذارًا لطفلكم لهذه الفترات، فلن يحدث له سوء جراء ذلك.

جديرٌ بالذكر أن بعض الأمراض ـ مثل جدري الماء ـ ينبغي الإخبار بها هاتفيًا لدى السكرتارية. وطبيبكم الخاص على علمٍ بهذا. فإذا كانت هناك أمور غامضة فيُرجى الاستفسار لديه بشأنها.

مع أطيب التحيات

....

مشرف فصل الترحيب

◉ Entschuldigung

englische Version

Student Absence Form

I hereby advise that .... will be

(student name)

unable to attend class from ....

(first day of absence)

to ....

(last day of absence).

Reason: ....

....

....

....
Signature of parent or legal guardian   Date

Entschuldigung

arabische Version

اعتذار

أودّ الاعتذار لصالح .... للفترة

(اسم الطالب/الطالبة)

من ....

(أول يوم غياب)

إلى ....

(آخر يوم غياب)

السبب: ....

....

....

توقيع ولي الأمر   التاريخ

Elternabend

englische Version

Parent-Teacher conference

Dear parents and family of our students in the welcome class,

you are warmly invited to our parent-teacher conference.

The parent-teacher conference will take place **on** ....

at .... **in room** ....

We would like to use this opportunity to get to know you and your

family, share information on the work and progress of the welcome class

and discuss the educational and future occupational perspectives for your

children.

In order to enable better communications, we will attempt to provide

an interpreter for each language spoken by the students in our welcome

class.

We look forward to meeting you on .... in the school.

Kind regards

....

The class teachers of the welcome class

✂

☐ I am planning on attending the parent-teacher conference

☐ I am unable to attend the parent-teacher conference

....

Signature of parent or legal guardian

● Elternabend

arabische Version

أمسية أولياء الأمور

أعزاؤنا الوالدان والأقرباء لطلاب وطالبات فصل الترحيب،

تسعدنا دعوتكم لحضور أمسية أولياء الأمور.

ستُقام أمسية أولياء الأمور بتاريخ .... بتمام الساعة

.... في الغرفة

يسعدنا التعرف عليكم في هذه الأمسية، وتقديم المعلومات بشأن العمل في فصل الترحيب، وكذلك التحدث بشأن الآفاق التعليمية والمهنية لأبنائكم.

لتحسين عملية التواصل سنحاول إحضار مترجم لكل لغة يُتحدث بها في فصل الترحيب.

ونحن نتطلع بشوق إلى الترحيب بكم في المدرسة بتاريخ ....

مع أطيب التحيات

....

مشرف فصل الترحيب

☐ سأشارك.

☐ معذرةً لن أشارك.

....

توقيع ولى الأمر

Ahrenholz, Bernt/Oomen-Welke, Ingelore (Hg.) (2017): **Deutschunterricht in Theorie und Praxis. Deutsch als Zweitsprache.** 4. vollständig überarb. und erw. Aufl. Baltmannsweiler: Schneiderverlag Hohengehren.

Brandt, Hanne/Gogolin, Ingrid (2016): **Sprachförderlicher Fachunterricht. Erfahrungen und Beispiele.** Münster/New York: Waxmann.

Bundesamt für Migration und Flüchtlinge (Hg.) (2016): **Aktuelle Zahlen zu Asyl (12/2016).** Tabellen, Diagramme, Erläuterungen. Online: *www.bamf.de/SharedDocs/Anlagen/DE/Downloads/Infothek/Statistik/Asyl/aktuelle-zahlen-zu-asyl-dezember-2016.html?nn=7952222* [31.03.2017].

Decker-Ernst, Yvonne (2017): **Deutsch als Zweitsprache in Vorbereitungsklassen.** In: Ahrenholz, Bernt/Oomen-Welke, Ingelore (Hg): Deutschunterricht in Theorie und Praxis. Deutsch als Zweitsprache. Baltmannsweiler: Schneiderverlag Hohengehren, S. 211–299.

Dehn, Mechthild/Oomen-Welke, Ingelore/Osburg, Claudia (2012): **Kinder & Sprache(n). Was Erwachsene wissen sollten.** Seelze: Klett, Kallmeyer.

Dewitz, Nora von (2016): **Rahmenbedingungen der schulorganisatorischen Einbindung geflüchteter Schülerinnen und Schüler.** In: Markmann, Gesa/Osburg, Claudia (Hg.): Kinder und Jugendliche mit Fluchterfahrung in der Schule. Impulse für die inklusive Praxis. Baltmannsweiler: Schneiderverlag Hohengehren, S. 18–29.

Dilling, Horst/Mombour, Werner/Schmidt, Martin H. (2008): **Internationale Klassifikation psychischer Störungen.** ICD – 10. Bern: Huber.

Duarte, Joana/Gogolin, Ingrid/Siemon, Jens (2013): **Mehrsprachigkeit im Fachunterricht am Übergang in die Sekundarstufe II – erste Ergebnisse einer Pilotstudie.** In: Erfurt, Jürgen/Leichsering, Tatjana/Streb, Reseda (Hg.): Mehrsprachigkeit und Mehrschriftigkeit: Sprachliches Handeln in der Schule. Osnabrücker Beiträge zur Sprachtheorie (OBST) 83, S. 79–94.

Funck, Barbara J./Karakaşoğlu, Yasemin/Vogel, Dita (2015). **„Es darf nicht an Papieren scheitern." Theorie und Praxis der Einschulung von papierlosen Kindern in Grundschulen.** Online: *www.gew-berlin.de/public/media/Nicht_an_Papieren_scheitern_2015_A4_web.pdf* [31.03.2017].

Gerull, Mirjam/Krull, Anne/Waldmann, Katharina (2016): **Schulalltag in Babel – Schulische Integration von Schülerinnen und Schülern mit Fluchterfahrungen im Rahmen einer Sprachlernklasse.** In: Markmann, Gesa/Osburg, Claudia (Hg.): Kinder und Jugendliche mit Fluchterfahrung in der Schule. Impulse für die inklusive Praxis. Baltmannsweiler: Schneiderverlag Hohengehren, S. 187–191.

Gogolin, I./Dirim, I./Klinger, T-/Lange, I./Lengyel, D./Michel, U./Neumann, U./Reich, H. H./Roth, H.-J./Schwippert, K. (2011): **Förderung von Kindern und Jugendlichen mit Migrationshintergrund. FÖRMIG – Bilanz und Perspektiven eines Modellprogramms.** Münster/New York: Waxmann.

Gogolin, Ingrid/Lange, Imke/Michel, Ute/Reich, Hans H. (Hg.) (2013): **Herausforderung Bildungssprache – und wie man sie meistert.** Münster/New York: Waxmann.

Grohé, Michaëla (2011): **Der Musiklehrercoach. Professionelles Handeln in konflikthaften Unterrichtssituationen.** Esslingen: Helbling.

Groskreutz, Angela (2016): **Kinder sprechen über (ihre) Mehrsprachigkeit. Theoretische Überlegungen und eine qualitative Studie zu Perspektiven mehrsprachig aufwachsender Grundschülerinnen und Grundschüler.** Frankfurt a. M.: Peter-Lang.

Gutzmann, Marion (2017): **Bildungssprache auch im Fachunterricht.** In: Grundschule aktuell 137, S. 6–8.

Hattie, John (2008): **Visible learning.** London/New York: Routledge.

Hattie, John (2012): **Visible learning for teachers.** London/New York: Routledge.

Hattie, John (2015): **Lernen sichtbar machen. Überarb. deutschsprachige Ausgabe von Visible Learning.** 3. erw. Aufl. besorgt von Wolfgang Beywl und Klaus Zierer. Baltmannsweiler: Schneiderverlag Hohengehren.

Hattie, John (2016): **Lernen sichtbar machen für Lehrpersonen. Überarb. deutschsprachige Ausgabe von Visible Learning for Teachers.** 2. Aufl. besorgt von Wolfgang Beywl und Klaus Zierer. Baltmannsweiler: Schneiderverlag Hohengehren.

Hattie, John/Zierer, Klaus (2017): **Kenne deinen Einfluss! „Visible Learning" für die Unterrichtspraxis.** 2. Aufl., Baltmannsweiler: Schneiderverlag Hohengehren.

Hensel, Julia (2017): **Gestaltung des Übergangs von der Vorbereitungsklasse in die Regelklasse.** Universität Hamburg, nicht veröff. Hausarbeit.

Hirseland, Katrin (2016): **Flucht und Asyl. Aktuelle Entwicklungen.** In: Markmann, Gesa/Osburg, Claudia (Hg.): Kinder und Jugendliche mit Fluchterfahrung in der Schule. Impulse für die inklusive Praxis. Baltmannsweiler: Schneiderverlag Hohengehren, S. 5–17.

Kalkavan, Zeynep (2012): **Lesen und Textverstehen in der Zweitsprache.** Berlin: Cornelsen Scriptor.

Khakpour, Natascha/Dirim, Inci: **Deutschförderung unter migrationspädagogischer Perspektive:** Spracharbeit mit Schüler_innen, auch geflüchteten – Umgang mit Lehrmaterialien. In: Markmann, Gesa/Osburg, Claudia (Hg.): Kinder und Jugendliche mit Fluchterfahrung in der Schule. Impulse für die inklusive Praxis. Baltmannsweiler: Schneiderverlag Hohengehren, S. 87–95.

Kolbow, Frederike (2017): **Der schrittweise Übergang von Flüchtlingen aus der DaZ- in die Regelklasse. Eine empirische Fallstudie zu den Chancen und Hindernissen der Teilintegration am Beispiel eines Mehrstufenmodells in Schleswig-Holstein.** Universität Hamburg, nicht veröff. Hausarbeit.

Markmann, Gesa (2016): **Sprachliche Strukturen sichtbar machen.** In: Markmann, Gesa/Osburg, Claudia (Hg.): Kinder und Jugendliche mit Fluchterfahrung in der Schule. Impulse für die inklusive Praxis. Baltmannsweiler: Schneiderverlag Hohengehren, S. 117–125.

Markmann, Gesa/Osburg, Claudia/Schütte, Anna-Sophie (2014): **Es möge gelingen! Improvisationstheater als Einstieg in inklusives Lernen: Ein gemeinsames Projekt einer Förderschule Lernen und eines Gymnasiums.** In: Praxis Schule 5–10. Heft 3/2014, S. 38–43.

Massumi, Mona/von Dewitz, Nora, et al. (2015): **Neu zugewanderte Kinder und Jugendliche im deutschen Schulsystem. Bestandsaufnahme und Empfehlungen.** Köln: Mercator-Institut für Sprachförderung und Deutsch als Zweitsprache, Zentrum für LehrerInnenbildung der Universität zu Köln. Online: *www.mercator-institut-sprachfoerderung.de/fileadmin/Redaktion/PDF/Publikationen/MI_ZfL_Studie_Zugewanderte_im_deutschen_Schulsystem_final_screen.pdf* [31.03.2017]

Merklinger, Daniela (2011): **Frühe Zugänge zu Schriftlichkeit. Eine explorative Studie zum Diktieren.** Freiburg im Breisgau: Fillibach.

Merklinger, Daniela/Osburg, Claudia (2014): **Diktierendes Schreiben als inklusiver Lernkontext.** In: Dietz, Florian/Sasse, Ada/Wind, Gerd-Peter (Hg.): Lesen und Schreiben lernen im inklusiven Unterricht. Bedingungen und Möglichkeiten. dgLs 17. Herzogenrath, S. 78–104.

Metzner, Franka/Mogik, Carolin (2016): **Auswirkungen traumatischer Erlebnisse von Flüchtlingskindern auf die Teilhabemöglichkeiten im Alltagsleben und in der Schule.** In: Markmann, Gesa/Osburg, Claudia (Hg.): Kinder und Jugendliche mit Fluchterfahrung in der Schule. Impulse für die inklusive Praxis. Baltmannsweiler: Schneiderverlag Hohengehren, S. 48–63.

Neumann, Ursula/Schneider, Jens (Hg.) (2011): **Schule mit Migrationshintergrund.** Münster/New York: Waxmann.

Oomen-Welke, Ingelore/Decker-Ernst, Yvonne (2016): **Ein „Start in Deutsch" für Kinder nach der Flucht.** In: Markmann, Gesa/Osburg, Claudia (Hg.): Kinder und Jugendliche mit Fluchterfahrung in der Schule. Impulse für die inklusive Praxis. Baltmannsweiler: Schneiderverlag Hohengehren, S. 102–116.

Osburg, Claudia (2011): **Semantik. Wörter und ihre Bedeutungen verstehen und gebrauchen.** In: Knapp, Werner/Löffler, Cordula/Osburg, Claudia/Singer, Kristina: Sprechen, schreiben und verstehen. Sprachförderung in der Primarstufe. Seelze: Klett, Kallmeyer, S. 48–92.

Osburg, Claudia (2016): **Zu Wort kommen. Funktionen der Schrift nutzen in heterogenen Sprachlerngruppen.** In: Deutsch Differenziert, Heft 3/2016, S. 38–44.

Osburg, Claudia/Schütte, Anne Sophie (2015): **Theater und Darstellendes Spiel inklusiv. Unterrichtsanregungen für die Klassen 1–10.** Mülheim an der Ruhr: Verlag an der Ruhr.

Schiefele, Christoph (2016): **Spiele als Eisbrecher – Erste Begegnungen und Kommunikationsgestaltung mit minimierten Sprachbarrieren.** In: Markmann, Gesa/Osburg, Claudia (Hg.): Kinder und Jugendliche mit Fluchterfahrung in der Schule. Impulse für die inklusive Praxis. Baltmannsweiler: Schneiderverlag Hohengehren, S.138–146.

Verboom, Lilo (2017): **Fachbezogene Sprachförderung im Mathematikunterricht. Das WEGE-Konzept: ein unübersichtlicher Weg durch den Sprachförder-Dschungel.** In: Grundschule aktuell 137, S. 25–28.

Verlag an der Ruhr (2016): **Deutschlernen mit Bildern – In der Schule.** Mülheim an der Ruhr: Verlag an der Ruhr.

Wiermer, Christian (2017): **Neue Zahlen belegen: So viele Flüchtlinge kamen 2015 und 2016 wirklich nach Deutschland.** In: Express (06.01.2017). Online: *www.express.de/news/politik-und-wirtschaft/neue-zahlen-belegen-so-viele-fluechtlinge-kamen-2015-und-2016-wirklich-nach-deutschland-25493174* [21.02.2017].

Zimmermann, Dieter (2016): **Migration und Trauma. Pädagogisches Verstehen und Handeln in der Arbeit mit jungen Flüchtlingen.** 4. Aufl. Gießen: Psychosozial-Verlag.

Zimpel, André Frank (2014): **Sichtbares Lernen. Was gute Schulen ausmacht.** In: Praxis Schule 5–10, Heft 1/2014, S. 64–67.

Zimpel, André Frank (2016): **Lasst unsere Kinder spielen. Der Schlüssel zum Erfolg.** 4. Aufl. Göttingen: Vandenhoeck & Ruprecht.

→ *www.csu.edu.au/research/multilingual-speech/ics*
  [31.03.2017]

→ *www.unhcr.at/service/bildungsmaterialien/traumahandbuch.html*
  [31.03.2017]

→ *https://visible-learning.org/de/hattie-rangliste-einflussgroessen-effekte-lernerfolg/*
  [14.03.2017]

→ Niedersächsisches Kultusministerium: Erlass zur Förderung von Bildungserfolg
  und Teilhabe von Schülerinnen und Schülern nicht-deutscher Herkunftssprache
  (RdErl. d. MK v. 1.7.2014 -25 – 81 625 – VORIS 22410 -)
  Online: *www.schure.de/22410/25,81625.htm*
  [31.03.2017]